# MÉMOIRE

DE

# M. LE MARÉCHAL MASSÉNA.

# MÉMOIRE

DE

# M. LE MARÉCHAL MASSÉNA,

DUC DE RIVOLI, PRINCE D'ESSLING,

Sur les événemens qui ont eu lieu en Provence, pendant les mois de mars et d'avril 1815;

SUIVI

## DE PIÈCES JUSTIFICATIVES

ET D'UNE CARTE GÉOGRAPHIQUE.

Deuxième édition.

PARIS,

DELAUNAY, Libraire, Palais-Royal, n°. 243.

1816.

# MÉMOIRE

DE

# M. LE MARÉCHAL MASSÉNA.

La France a retenti de l'accusation portée contre moi à la Chambre des Députés. Il n'est donc pas besoin que je dise pourquoi je viens entretenir de moi le public.

Je ne consentirai point à me placer derrière une loi d'amnistie. Exempt de reproches, je ne puis accepter un tel refuge. Eh ! que m'importe l'assurance que ma vie et ma liberté me soient garanties par les lois? Il est un bien mille fois plus précieux pour moi ; c'est l'honneur. Une diffamation publique le menace; je viens le défendre. Tant qu'il restera dans mes veines une goutte de ce sang si souvent répandu pour la défense de la patrie, je ne laisserai point flétrir un nom qui se lie à plus d'un souvenir glorieux pour elle. Non, je n'ai pas déshonoré mes vieux ans par une lâche trahison. Français;

vous allez en juger. Relisez cette accusation remarquable par tant de vaines déclamations et de si grossières injures. Je vais répondre par le témoignage incorruptible des faits. Élevé et vieilli dans les camps, je n'ai point appris l'art des vains discours ; j'invoquerai la vérité. Bientôt elle dissipera ce nuage dont les passions et l'esprit de parti enveloppent presque toujours les plus simples événemens politiques dans les momens de crise et de révolution. Alors on plaindra ces hommes qui se laissèrent égarer jusqu'à devenir les instrumens d'une diffamation odieuse : alors, on ne s'étonnera plus que le gouvernement ait respecté mon repos au milieu des cris de mes délateurs.

La dénonciation que j'ai à repousser, contient des imputations nombreuses. La plus grave, celle dont dépendent toutes les autres, c'est d'avoir pu, et de n'avoir pas voulu arrêter Bonaparte, lorsqu'il traversa une partie de la Provence dans les premiers jours du mois de mars; c'est d'avoir enchaîné le zèle des Marseillais dans ce moment décisif, lorsque leur courage eût suffi pour détruire l'ennemi de la France.

Pour faire apprécier, pour écarter tous ces

reproches, je serai forcé d'entrer dans quelques détails; je veux ne laisser aucune ressource à la malveillance, ni même à la calomnie. Ces détails, on me les pardonnera. On y verra une preuve de ma bonne foi et du prix que je mets à éclairer l'opinion publique. Ils se rattachent, d'ailleurs, à un événement dont l'influence a été si prodigieuse en Europe, qu'ils ne peuvent pas être sans quelque intérêt.

Ire. Époque. Du 1er. au 5 mars.

Ce fut le 1er. mars, à une heure après midi, que Bonaparte débarqua au golfe Juan. Ce golfe est situé à l'extrémité de la division dont le gouvernement m'avait été confié par le Roi. Il est distant de *cinquante et une lieues* de Marseille, où était établi le siége de ce gouvernement, où je me trouvais alors.

Nul avis, ni du ministre de la guerre, ni du directeur général de la police, ni des relations extérieures, ni de la marine, ne m'avait averti du péril qui menaçait la France. Bonaparte, choisissant pour aborder une plage déserte, ne pouvait donc manquer de débarquer sans obstacle. Mais, si on n'était pas préparé à le repousser, la conduite des troupes et des habitans de la huitième division, et notamment de la ville d'Antibes, a assez prouvé qu'on était encore moins préparé à l'accueillir.

La première nouvelle de cet événement me parvint par une lettre du maréchal de camp Morangié, commandant le département du Var, sous les ordres du lieutenant-général Abbé. Cette lettre, écrite le 2 de Draguignan, me parvint, par la voie de Toulon, le lendemain 3, à neuf heures du matin.

Il importe de savoir de quelle manière l'événement était présenté dans ce premier avis.

« J'ai l'honneur de vous informer qu'au-» jourd'hui, sur les deux heures du matin, le » chef d'escadron, commandant la gendar-» merie à Draguignan, m'a rendu compte » qu'il vient d'être instruit, par un gendarme » d'ordonnance, que *cinquante hommes de* » *la garde de l'ex-empereur Napoléon, ve-* » *nant de l'île d'Elbe, ont débarqué hier,* » *dans la journée, au golfe Juan.* » (Pièc. n°. I.)

Ici le général donne les détails des mesures qu'il a cru devoir prendre de concert avec M. le comte de Bouthillier, préfet du Var; et il ajoute que le préfet et lui se rendent, avec toutes les forces disponibles, au Muy, sur la grande route, et qu'il donnera de plus amples nouvelles, dès l'instant qu'il le pourra.

En m'envoyant copie de cette lettre, qui lui avait été adressée à lui-même, le lieutenant général Abbé m'écrivait :

« J'ai reçu, ce soir, la lettre dont la copie » est ci-jointe. J'étais, au moment de sa » réception, auprès du général baron Lhermite, préfet maritime : je lui en ai donné » communication. Il m'a lui-même et de » suite donné connaissance d'une lettre, par » laquelle il est avisé que des hommes, » des troupes, qui sont à l'île d'Elbe, ont » eu des congés pour revenir en France et » aller dans leurs familles. C'est ce que j'ai » pu présumer et dire à M. le général Morangié, en lui répondant ; mais je lui recommande de voir M. le préfet, pour que, » de concert avec lui, les brigades de gendarmerie, qui sont près de Draguignan, » puissent être réunies à celle qui a quitté » sa résidence, et aller sur l'Esterelle (c'est-à-dire vers le lieu du débarquement). Et, » pour avoir de plus sûres informations, » je le charge de réunir à la gendarmerie » les troupes qui lui paraîtront nécessaires. »

Le général Abbé ajoute : « Je me suis déterminé à partir moi-même en poste pour

» me rendre à Draguignan. Avant mon » départ, j'ai chargé le général Lardenoy, » commandant de la place, de tenir les voltigeurs de la garnison prêts à marcher au » moment où j'aurai reconnu la nécessité » d'en donner l'ordre. » ( Pièc. n°. II.)

D'après ces deux lettres, il ne pouvait être question de faire partir des troupes de Marseille, et de les diriger ni sur Sisteron, ni sur aucun autre point de la Provence. La nouvelle du débarquement de *cinquante* hommes, qu'ils fussent amis ou ennemis, dès qu'elle ne contenait aucun avis ni sur leur marche, ni sur leurs projets, ne commandait que des mesures propres à éclairer leurs mouvemens. Or, on vient de voir que les généraux commandant dans le Var, de concert avec le préfet de ce département, avaient déjà fait tout ce que les circonstances, la prudence et le zèle le plus actif semblaient exiger d'eux.

Par surcroît de précaution, je jugeai à propos d'envoyer en poste, sur les lieux, un de mes aides de camp, pour qu'il vît par lui-même les faits, et qu'il pût m'en rendre compte. Je le chargeai de la lettre suivante pour le général Abbé :

« J'ai reçu votre lettre avec copie de celle

» que le général Morangié vous a écrite du » Muy. Il est prudent d'aller voir par vous-» même si le rapport, qu'on vous a fait sur » le débarquement de cinquante grenadiers » de l'île d'Elbe, est vrai. Je vous envoie » un aide de camp ; veuillez me tenir au » courant de ce qui se passera d'intéressant. » Vous avez plus qu'il ne vous faut de trou-» pes à Antibes et à Toulon : je suis sans » inquiétude. »

Je rendis aussitôt compte à S. Exc. le ministre de la guerre des nouvelles reçues et des mesures prises, et ne lui dissimulai pas l'opinion que je m'étais faite, en attendant de nouveaux détails sur l'intention des hommes débarqués.

« Quant à moi, lui disais-je, je suis de l'a-» vis du préfet maritime, que ce n'est qu'un » débarquement de quelques hommes en-» nuyés de rester à l'île d'Elbe, et qui ren-» trent en France. »

Cette opinion était d'autant plus naturelle, que, depuis quelque temps, nous avions été témoins de nombreux exemples de ces retraites. Elles avaient même donné lieu à une correspondance de ma part avec le ministre de la guerre, auquel j'avais demandé de me tracer la conduite à tenir vis-à-vis des soldats de la garde qui rentraient en France; venant de l'île d'Elbe, et porteurs de congés définitifs (1).

Au moment où mon rapport au ministre allait être expédié, le colonel de la gendarmerie me fit parvenir la note suivante :

« J'ai l'honneur de rendre compte à V.
» Exc. que je reçois à l'instant, par ordon-
» nance extraordinaire de M. le chef du 45e.
» escadron, l'avis *qu'un général et 60 gre-*
» *nadiers des troupes de l'île d'Elbe*, tous
» légionnaires, étaient débarqués au golfe
» Juan, venant de cette île. Le brigadier de
» la résidence de Cannes qui fait ce rapport,
» dit qu'*on craint que l'empereur lui-*
» *même ne soit à la tête*. Il dit en même
» temps que le général Combier, major des
» chasseurs à pied de la garde impériale, a

(1) Lettres de S. Exc. le ministre de la guerre, du 20 octobre 1814, 25 janvier, 6, 15 et 23 février 1815. Ce sont apparemment ces hommes que les pétitionnaires appellent des *émissaires*, et à qui ils me reprochent d'avoir accordé une protection *ténébreuse*. La protection était, au contraire, très-publique. Ces hommes étaient traités à Marseille comme ils l'étaient dans tout le reste de la France, d'après les ordres du ministre, c'est-à-dire, comme des Français qui usaient du droit qu'ils avaient de rentrer dans leur patrie.

» demandé un passe-port pour Toulon.

» M. le chef d'escadron me mande qu'il » est parti avec le général Morangié et le » capitaine Silvy, pour se rendre au lieu du » débarquement; qu'il a donné ordre à la » compagnie du Var, etc. (Pièc. n°. III.)

Ce rapport devait-il faire changer mon opinion au sujet de l'événement? Devait-il surtout faire prendre d'autres mesures?

Le fond de la nouvelle était toujours le même. Il ne s'agissait que d'une *soixantaine de débarqués*, dont on ne connaissait ni la marche ni les desseins. La supposition si vague par elle-même et si vaguement exprimée par ces mots : *On craint que l'empereur ne soit à la tête*, ne pouvait faire croire à cette présence. Tout alors repoussait l'idée d'un événement aussi extraordinaire, et la faiblesse de l'escorte ne permettait même pas de s'y arrêter.

C'est tout au plus si l'on peut dire que ce mot dût faire naître un peu plus d'inquiétude, et plus vivement désirer de nouveaux éclaircissemens. Mais toujours fallait-il les attendre, avant de se former une opinion nouvelle, et de faire d'autres dispositions; et surtout avant de mettre les troupes de Marseille en mouvement.

On ne pouvait donner à ces troupes aucune direction, tant que celle de l'ennemi n'était pas connue. Dans l'incertitude où j'étais, si je les avais fait marcher, c'eût été, sans doute, vers le lieu du débarquement : il y aurait eu alors bien plus de temps perdu, puisqu'il eût fallu les faire revenir sur leurs pas.

Les renseignemens que j'attendais avec impatience me parvinrent le soir du même jour, à neuf heures. Ils étaient contenus dans une lettre du préfet du Var, qui me fut apportée par une estafette extraordinaire. Cette dépêche était datée du même jour, 3, et de Fréjus, distant de Marseille de *trente-quatre lieues*.

« Je m'empresse de vous informer que les » troupes à la tête desquelles est Bonaparte, » ont dû coucher *aujourd'hui à Digne*. Elles » se composent de ce qui faisait la garnison » de l'île d'Elbe, environ mille hommes. Il » a avec lui quatre ou cinq pièces de canon » de campagne et beaucoup d'argent. Il a » acheté des chevaux à tout prix. Il se dirige » sur Grenoble et Lyon : mais la route qu'il » a prise doit lui offrir beaucoup de difficul- » tés. *J'avais réuni ici toutes les gardes na-* » *tionales, croyant, lorsque je suis parti de*

» *Draguignan, qu'il se dirigerait de ce côté.* » Mais que pouvait cette troupe mal armée? » J'ai déjà eu l'honneur de vous adresser » un rapport par ordonnance de gendarme- » rie (1). Vous devez avoir été prévenu par » cette arme des dispositions qui avaient été » prises (2).

» Un courrier que j'envoie à Lyon et à » Paris, doit en faire partir un d'Aix pour » vous porter la présente.

» J'oubliais d'ajouter que mon départe- » ment est aussi tranquille qu'il est possible, » *et que cet événement n'a fait écarter per-* » *sonne de son devoir.* » (Pièc. n°. IV.)

Cette lettre, en me montrant pour la première fois la nature et l'étendue du mal et du danger, m'apprenait aussi que malheureusement il me devenait impossible d'y

(1) Ce rapport, daté du 2 au soir, et qui aurait dû me parvenir avant cette lettre, s'il m'eût été expédié par une voie semblable, ne m'arriva qu'après, parce qu'au lieu de faire partir un courrier, M. le préfet employa la voie ordinaire et lente des ordonnances. Il était loin de donner des détails aussi positifs que la lettre du 3 : on en trouvera la copie parmi les pièces justificatives.

(2) Rapport du colonel de la gendarmerie, copié ci-devant.

porter remède, à cause de la rapidité de la marche de l'ennemi, et de la distance qui me séparait de lui.

D'après l'avis de M. le préfet, Bonaparte devait être rendu à Digne, au moment même où je recevais la nouvelle de sa marche.

De là il pouvait se diriger sur Grenoble, soit par Sisteron, soit par la route qui conduit de Digne à Seyne et à Savine, à travers les montagnes.

Dans ce dernier cas, il eût suivi une direction qui ne laissait aucun espoir de l'atteindre.

Passait-il par Sisteron? cette ville était le point de sa route le plus rapproché de Marseille; mais il devenait également impossible de l'y rencontrer.

Sisteron n'était éloigné de Digne que de *dix lieues*. Il était évident que cet espace serait franchi par Bonaparte dans la journée du 4, tandis que les troupes partant de Marseille avaient *trente-six lieues* à parcourir pour arriver au même point.

Ces troupes ne pouvant partir que dans la nuit du 3 au 4, il y avait donc impossibilité physique et démontrée qu'elles ne fussent pas devancées par celles de l'île d'Elbe.

Toutefois je dus me dire qu'il pouvait arriver que les troupes et les habitans des Basses-Alpes, avertis à temps, vinssent à bout, soit par leur nombre, soit en rendant impraticable la route déjà si difficile que suivait Bonaparte, de lui opposer assez de résistance pour le forcer à se rejeter vers la Basse-Provence.

Dans tous les cas, je devais calculer comme un événement très-probable, que l'ennemi trouverait près de Grenoble des mesures prises et des forces réunies qui l'obligeraient à rétrograder ou à changer de direction.

Le développement des troupes que j'avais à ma disposition pouvait donc devenir utile. Je me hâtai de donner les ordres nécessaires.

La garnison de Marseille se composait de deux régimens, le 58e. et le 83e.

Une heure après la réception de la lettre de M. le préfet du Var, le 83e. et les six compagnies d'élite du 58e. avaient reçu l'ordre de se diriger sur Aix.

Le 83e. partit *à trois heures du matin*; les six compagnies d'élite ne purent se mettre en route que quelques heures plus tard (1).

(1) Le retard s'explique par le détail de tout ce qui est à faire pour qu'un régiment qui fait le service dans

Hors d'état, par l'effet de ma mauvaise santé, de partir moi-même à la tête de cette expédition, je dus en confier le commandement à M. le lieutenant général comte Miollis, employé sous mes ordres, et connu depuis long-temps par son courage inébranlable au poste d'honneur.

Ce général se rendit à Aix. Il n'est pas inutile de faire connaître les instructions que je lui fis parvenir, le 4, au matin :

« Je viens de faire partir, lui disais-je, les » six compagnies du 58e. pour se rendre à » Aix. Vous pourrez demain vous mettre » en route de très-bonne heure avec le 83e. » et ces six compagnies, pour vous porter sur » Sisteron. Vous prendrez des renseigne- » mens sur la marche des troupes arrivées » de l'île d'Elbe. Il serait bien heureux si » vous pouviez les joindre pour les empê- » cher de continuer leur marche sur Greno- » ble. *Vous devrez, au besoin, requérir la » garde nationale, ne ferait-elle que vous » éclairer et vous servir de guide.* Envoyez » des émissaires, et tâchez de savoir ce que » cette troupe fait, quelle est la marche

une ville aussi vaste que Marseille, soit réuni et prêt à partir sans inconvénient pour la tranquillité publique.

» qu'elle suit. Votre grand but doit être de » l'arrêter, et de la faire changer de direc- » tion, s'il est possible. »

Ces ordres et ces instructions étaient à peine expédiés, que, par estafette extraordinaire, j'informai de mes dispositions M. le comte Roger de Damas, gouverneur à Lyon, le lieutenant général commandant la 7e. division à Grenoble, et S. Exc. le ministre de la guerre.

La garde nationale de Marseille était demeurée étrangère à ces premières dispositions faites pendant la nuit. Ce fut le lendemain 4 (1), que les officiers de cette

(1) Si j'avais besoin de prouver que ce ne fut que le 4, après le départ du 83e. régiment, que cette offre me fut adressée, je pourrais citer une autorité décisive. Le journal de Marseille, du 3 novembre dernier, contient un article copié par la Quotidienne, dans sa feuille du 1er. décembre, et dans lequel, après quelques détails sur le zèle que les portefaix de cette ville ont montré pour la cause du Roi, on lit ces mots : « Ce sont ces » mêmes hommes qui, le *quatre mars dernier*, demandè- » rent en masse à marcher sur Sisteron, et dont le » courage et l'attérante énergie furent si indignement » paralysés... » Je ne prétends pas que cet article ait été écrit pour servir à ma justification ; mais il me semble que je puis le citer avec confiance. Le témoignage ne paraîtra pas suspect.

garde vinrent m'offrir de faire marcher deux mille hommes à l'appui de la troupe de ligne. J'accueillis cette offre patriotique. M. Pascalis, adjudant commandant, fut aussitôt nommé pour se mettre à leur tête, et je donnai l'ordre de leur délivrer les cartouches nécessaires.

Les chefs voulant sans doute donner plus d'éclat à cette preuve de zèle, crurent ne devoir appeler à l'honneur de marcher que des hommes de bonne volonté. Cette résolution fut proclamée; un registre de souscription fut ouvert, non par mon ordre, mais par celui des administrateurs. Le 5 au soir, le nombre des souscripteurs s'éleva à près de six cents. Il en fut formé un bataillon qui partit, le lendemain.

Sans doute, si les habitans de Marseille n'avaient pas été persuadés, qu'il devenait désormais impossible d'arriver à temps pour arrêter l'ennemi, le nombre des volontaires eût été plus considérables, et leurs préparatifs de départ plus rapides. Ce qui est également certain, c'est qu'il serait d'autant plus ridicule de supposer que j'aie montré de la répugnance à employer les gardes nationales, que l'on a pu voir dans mes instructions au général Miollis, la recommandation de les requérir sur les lieux ; et certes, la mesure était évidemment plus utile.

Pendant que les Marseillais se disposaient à partir, ce général m'annonçait, le 4 à midi, l'arrivée du 83e. à Aix. Le lendemain 5, il m'écrivit : « J'ai dirigé sur Sisteron le 83e. » et les six compagnies du 58e. arrivées hier » soir à huit heures. Ces troupes s'y ren- » dront avec toute la diligence possible. J'ai » chargé en même temps M. Gravier, maire » de Gréoux, d'y réunir les gardes nationa- » les de la commune de Manosque et autres » lieux environnans dans le plus bref dé- » lai (1).

» J'y serai de même. J'ai chargé M. le » sous-préfet de faire partir avec la colonne » les deux pièces d'artillerie de la garde na- » tionale de la ville avec leurs caissons et » munitions. » (Pièc. n°. VI.)

(1) M. Gravier, qui depuis a été nommé membre de la Chambre actuelle des Députés, reçut le 4 mars, du général Miollis, non-seulement l'ordre indiqué ci-dessus, mais encore des pouvoirs illimités pour faire couper les chemins et pour créer sur la route tous les obstacles possibles, avec toutes les ressources que pouvaient lui fournir la connaissance qu'il avait des lieux et les ordres dont il était porteur.

Au moment où le général Miollis m'écrivait cette lettre, le 5 à neuf heures du matin, Bonaparte arrivait à Sisteron avec une partie de ses troupes. Déjà, *à une heure après minuit*, il y avait été précédé par une avant-garde sous les ordres du général Cambrone; et le soir du même jour à six heures, il était rendu à Gap, à dix lieues au-delà de Sisteron. (Pièc. n°. VIII.)

Il avait ainsi plus de trente lieues d'avance sur les troupes parties de Marseille, sans que ces troupes eussent, ni séjourné à Aix, ni suivi une autre route que la route ordinaire, comme on l'a faussement exposé (1).

M. Gravier, parti d'Aix dans la journée du 4, avait couru ventre à terre à Gréoux et à Manosque, et y avait réuni, même pendant la nuit, quelques gardes nationaux, avec lesquels il avait marché en toute hâte vers le pont de Sisteron. Malgré son extrême diligence, il n'était encore arrivé qu'à Peyruis, c'est-à-dire, à

(1) Il est évident que, si ces torts étaient réels, ce serait au général Miollis, chargé de commander l'expédition, à expliquer sa conduite; mais la vérité est que c'est là une des nombreuses suppositions qu'on s'est permises pour essayer de donner quelque poids à l'accusation.

six lieues de distance de ce pont, lorsque l'ennemi l'avait déjà dépassé de dix lieues.

Voilà les faits. Que devient l'accusation ?

Je n'ai pas arrêté l'ennemi : mais la chose dépendait-elle de moi ? Pourquoi supposer un crime, quand il ne faut accuser que les distances? quand un simple coup d'œil sur la carte, quand le calcul le plus facile pouvaient tout éclaircir, tout expliquer ?

Je n'ai pas arrêté Bonaparte, parce qu'il a débarqué sur une plage éloignée de cinquante et une lieues du siége de mon gouvernement ;

Parce que le temps qui s'est écoulé avant que j'en reçusse la nouvelle, Bonaparte l'a employé à s'éloigner ;

Parce que, lorsque cette nouvelle m'est parvenue, le 3 au soir, parti le 2 au matin de Cannes, Bonaparte avait ainsi deux journées d'avance, et n'avait pas un plus long trajet à parcourir, pour arriver à Sisteron, que les troupes partant de Marseille (1);

Parce que, au moyen de cette avance, il se trouvait n'être plus éloigné du seul point où je pouvais l'atteindre que de dix

(1) On verra sur la carte que la différence n'est que de deux ou trois lieues de poste.

à douze lieués, lorsque les troupes du Roi avaient encore à franchir l'intervalle entier, c'est-à-dire, trente-six lieues.

Il est permis de s'étonner que, dans de telles circonstances, on se soit obstiné à m'imputer le succès avec lequel l'ennemi a franchi les limites de ma division.

Si ce succès ne pouvait s'expliquer sans donner lieu à des soupçons, s'il fallait en demander compte à quelqu'un, ne serait-il pas plus naturel de s'adresser à ceux qui commandaient dans les départemens qu'il a traversés; aux fonctionnaires publics, aux troupes qui se trouvaient sur les lieux même de son passage?

Certes, je suis loin d'accuser ni de suspecter personne. Je sais que, si les mesures prises par M. le comte Bouthillier, préfet du Var, n'ont créé aucun obstacle sur la route parcourue par Bonaparte à travers son département, ce magistrat se justifie, en disant qu'il avait cru devoir se porter avec toutes ses forces sur une route opposée (1).

Le général Loverdo, commandant alors

(1) « J'avais réuni ici toutes les gardes nationales, » croyant qu'il se porterait de ce côté. » Lettre écrite de Fréjus, par M. de Bouthillier, et déjà rapportée.

le département des Basses-Alpes, établi à Digne, chef-lieu, avec un demi-bataillon du 83e., averti, dans la journée du 3 (1), de l'approche de l'ennemi, et à qui, je n'ai pas besoin de le dire, je n'avais pas eu le temps de faire parvenir des ordres, m'a fait également connaître les motifs qui le déterminèrent à ne tenter aucune résistance, ni en avant de Digne, ni sur la route de Digne à Sisteron, ni à Sisteron même.

« La compagnie de gendarmerie, porte » son rapport du 5 mars (pièc. no. VIII), » était encore dispersée, les gardes natio- » nales presque nulles. Il ne me restait donc » que les trois compagnies du 87e. régiment. » Quoique je comptasse sur la fidélité des » officiers et l'obéissance de la troupe, ces » faibles moyens m'ont paru insuffisans pour » arrêter une force rendue formidable par la » séduction qui la précédait et l'accompa- » gnait. . . . . . . . . . . . . . . . . . . . . . . . .
» . . . . . Après en avoir conféré avec le » préfet du département, *j'ai dû prendre le* » *parti de diriger mes trois compagnies sur*

(1) Par deux lettres du 2 mars, l'une du préfet du Var, et l'autre du chef de bataillon de la gendarmerie. *Vid.* Lettre du général Loverdo, du 3 mars. (Pièce just. no. VII.)

» *Valensole* (1), tant pour éviter tout point » de contact dans un premier moment d'é» tonnement, que pour me mettre en me» sure de me réunir aux troupes du Roi dé» bouchant de la Basse Provence.

» *Si Sisteron était en état de défense*, » m'avait-il écrit la veille (4 mars, à cinq » heures du matin, pièce n°. IX), je m'y » serais renfermé pour barrer le pont de la » Durance que *je ne puis plus faire sauter*, » étant pressé par la marche rapide de ce » corps qu'on évalue de deux à trois mille » hommes. »

Ces excuses, ces motifs étaient sans doute suffisans. La conduite de ces deux fonctionnaires a paru sans reproche; elle a été applaudie et récompensée. Encore une fois, je suis loin de vouloir élever des doutes sur la pureté de leurs intentions; nul ne rend plus que moi justice à leur amour pour le Roi, à leur zèle pour la cause légitime. Mais c'est précisément parce que, dans de telles circonstances, ils n'ont point été, et n'ont pas dû être soupçonnés de trahison, que j'ai lieu de m'étonner que des soupçons de cette na-

(1) Valensole est placé à dix lieues de Digne, sur la route qui conduit à Marseille.

ture aient pu m'atteindre; moi qui n'ai à me reprocher ni hésitation, ni fausse détermination, ni retraite ; moi qui dès l'instant où j'ai connu la marche de l'ennemi, me suis hâté de pousser à sa rencontre toutes les forces disponibles; moi qui n'ai nul besoin d'excuse, puisqu'il est démontré que ce que je n'ai pas fait, il m'était impossible de le faire. Car enfin, on peut demander pourquoi il n'a pas combattu, à celui qui était à portée de combattre : mais n'est-il pas ridicule d'adresser ce reproche à celui qui était à trente-six lieues de l'ennemi, lorsqu'il est prouvé qu'il n'a pas dépendu de lui de franchir à temps cet intervalle?

Et remarquez que cette impossibilité est ici tellement absolue, qu'elle suffirait encore pour repousser toute critique, lors même qu'il s'agirait de se livrer à une supposition dépourvue de toute espèce de raison; lors même qu'on voudrait exiger que, par une prescience tout-à-fait inadmissible, j'eusse dû deviner, à la première nouvelle qui me parvint, c'est-à-dire, le 3 à neuf heures du matin, que les *cinquante grenadiers* dont on m'annonçait le débarquement, formaient un corps de mille hommes, que Bonaparte était à leur tête, et enfin que cette troupe se dirigeait sur Sisteron à travers les montagnes. Eh bien ! dans cette hypothèse, bien gratuite sans doute, je n'en eusse pas moins été dans l'impuissance d'inquiéter sa marche. Car, alors même, comment nos troupes, en les supposant parties trois heures après la réception de la nouvelle, eussent-elles pu le devancer à Sisteron, lorsqu'il avait sur elles l'avantage énorme d'avoir déjà parcouru la moitié du chemin ? Bonaparte était arrivé à Castellane dans la matinée du 3 mars.

Au surplus, les auteurs de la dénonciation se montrent bien mal instruits des localités, lorsqu'ils attachent une si grande importance au pont de Sisteron : ils ignorent donc que, même en supposant ce pont barré ou coupé, Bonaparte n'avait besoin ni de vaincre la résistance, ni de rétrograder d'un seul pas ? N'ayant ni artillerie ni chariots (1), il pouvait côtoyer la Durance, et la traverser à gué, après l'avoir remontée, l'espace de trois ou quatre lieues, avant d'être arrivé à la hauteur de Gap.

Et, lors même qu'au lieu de se borner à défendre le pont, les troupes du Roi eussent eu le temps nécessaire pour venir couper la

(1) Il avait été obligé de laisser ses canons à Grasse.

route au point essentiel, c'est-à-dire, à quelque distance en avant du pont; dans ce cas, Bonaparte, averti de l'obstacle par ses émissaires, ou tout au moins par son avant-garde qui le précédait toujours de sept à huit heures, eût certainement pris le chemin qui conduit à Gap, à travers les montagnes. Il est moins commode, mais n'est pas plus long que l'autre, ni plus difficile que celui déjà parcouru depuis Grasse.

Que les habitans de Marseille, ou, pour mieux dire, que mes dénonciateurs cessent donc leurs regrets et leurs reproches. Il est bien évident que ce n'est ni d'eux ni de moi qu'il a dépendu d'arrêter l'invasion qui a causé tant de maux à la France. Il est bien évident que notre zèle n'eût pu être utile, qu'autant que l'ennemi se serait dirigé sur la Basse Provence, ou qu'il eût été forcé de s'y jeter par la résistance des habitans dont il a traversé les communes.

Qu'une opinion contraire ait été accueillie dans les premiers momens, au milieu de l'effroi et de la douleur générale, lorsque peu de personnes étaient assez bien instruites des faits, ou conservaient assez de sang-froid pour raisonner juste, il est facile de le concevoir; mais ce qui doit étonner et affliger à la fois, c'est que l'illusion ait pu résister aux lumières que le temps et la suite des événemens ont répandues sur les circonstances. On doit s'étonner surtout que le tableau de ma conduite, après que Bonaparte a eu pénétré dans l'intérieur de la France, ait pu laisser subsister le moindre doute sur ma fidélité au Roi et à l'honneur.

IIe. ÉPOQUE.

Du 6 mars jusqu'à l'arrivée de S. A. R. le duc d'Angoulême.

Le 6 mars, M. Pons, directeur des mines de l'île d'Elbe, arriva à Marseille et demanda à me parler. Je le reçus en présence de M. le vicomte de Bruges et du général Ernouf. Il déclara qu'il était entré en France avec Bonaparte, mais qu'il l'avait quitté à Digne, attendu que « les mesures et les » préparatifs dont il avait été témoin, lui » avaient fait juger qu'on marchait en en- » nemi, et qu'il ne voulait pas se battre con- » tre sa patrie. »

Cette protestation ne m'empêcha point de le soupçonner d'être un émissaire secret de Bonaparte; je le fis arrêter et conduire au château d'If.

Le 9 mars, j'adressai aux Marseillais une proclamation dans laquelle j'exposai franchement et les événemens passés et les mesures prises, et ma profession de foi :

« L'ennemi, leur disais-je, a passé avec » trop de rapidité sur les frontières de mon » gouvernement pour qu'on pût s'y oppo- » ser. Mais j'ai prévenu en temps utile » toutes les autorités qui peuvent l'arrêter » dans sa marche. Toutes les mesures de » précaution que les circonstances prescri- » vaient de prendre, je les ai prises : j'ai écrit » au gouverneur général de Lyon ; au lieu- » tenant général gouverneur de la 7e. di- » vision ; au préfet de la Drôme ; j'ai fait » poursuivre, même hors des limites de » la 8e. division, le corps débarqué de l'île » d'Elbe, par un lieutenant général qui a, » non-seulement des forces suffisantes en » troupes de ligne, mais encore des détache- » mens de braves gardes nationales des vil- » les de Marseille, d'Aix et d'Arles, et qui a » reçu l'ordre d'appeler auprès de lui toutes » celles dont il pourrait avoir besoin. »

Cette proclamation se terminait par ces mots :

« Habitans de Marseille, vous pouvez » compter sur mon zèle et sur mon dévoue- » ment. Je ne dévierai jamais du chemin de » l'honneur. »

Voilà ce que je promettais à mes concitoyens; voyons maintenant si j'ai tenu ma promesse.

Le général Miollis, arrivé à Sisteron, avait poursuivi l'ennemi à marches forcées jusqu'à Gap, en exécution des ordres que je lui avais transmis par ma lettre du 5 (1).

Il y était arrivé dans la matinée du 9, avec le 83e. régiment et les six compagnies du 58e. Il avait fait suivre ce mouvement par une partie des gardes nationales, celles qui paraissaient le mieux disposées, pendant qu'il faisait organiser dans les environs celles qui ne l'étaient pas encore. Enfin, il prenait les mesures qu'indiquaient les règles de la guerre et l'état des lieux, afin de profiter de la première résistance qu'éprouverait l'ennemi, et de la rendre décisive pour le salut de la France.

(1) « Le restant du 58e., lui disais-je, et quatre cents » hommes de la garde nationale, commandés par l'adjudant » commandant Pascalis, partent demain, à cinq heures » du matin, pour se rendre à Aix; si vous avez besoin » de cette troupe, vous lui donnerez l'ordre de vous » rejoindre. A huit heures et demie, il partira de Mar- » seille, pour se rendre également auprès de vous, » trois pièces de canon de quatre. Je vous confirme les » dispositions contenues dans ma lettre, et je vous prie » de poursuivre l'ennemi dans la plus grande diligence, » de chercher à le joindre, et de prendre sur votre » route toutes les mesures qui contribueront au bien du » service du Roi; vous le poursuivrez, s'il est nécessaire, » à marches forcées, jusqu'à Gap. »

Pendant deux jours, on fut fondé à espérer que ces mesures ne seraient point vaines, parce que tout le monde ferait son devoir.

C'est dans ces circonstances que le général Loverdo m'écrivit : « Les troupes de Grenoble, celles du général Rostollan (commandant le département des Hautes-Alpes), la colonne du comte Miollis, et celle que j'amène, sont plus que suffisantes pour détruire les troupes de Bonaparte, et lui fermer tous les passages (1). »

Il fallut renoncer à l'espoir dont on s'était flatté, lorsque l'entrée de Bonaparte à Grenoble fut connue.

Elle ne le fut à Gap que le 10 mars, bien qu'elle eût eu lieu le 7. Le même jour, le général Rostollan, placé entre Gap et Grenoble avec six cents hommes, annonça qu'une grande partie de ses troupes, séduites par des émissaires, l'avait abandonné, et que, pour prévenir une entière désertion, il rentrait dans ses cantonnemens.

A cette nouvelle, le général Miollis sentit que, pour échapper au même danger, il devait se hâter de prendre les mêmes mesures; c'est-à-dire, éloigner les corps placés

(1) Lettre du 9 mars (pièce n°. X).

sous ses ordres, de tout point de contact avec les pays et les troupes qui venaient de se soumettre à l'usurpateur.

En conséquence, tous les régimens de ligne qui composaient sa colonne reçurent ordre de rétrograder. Le 58ᵉ. fut cantonné à Forcalquier, le 83ᵉ. à Manosque, et le demi-bataillon du 87ᵉ. à Volx. On ne laissa à Gap et à Sisteron que des gardes nationales dont la défection n'était point à craindre. Mais, si l'on pouvait compter sur leur fidélité au Roi, leur constance n'était pas également à l'épreuve. Divers détachemens se débandèrent successivement (1); le rappel de celui de Marseille fut réclamé, dès le 12, par M. d'Albertas (2).

Je n'insistai pas pour retenir ces auxiliaires, parce que les progrès de Bonaparte rendaient désormais leur secours inutile. Les habitans rentrèrent chez eux. Le général Loverdo fut chargé de garder, avec le 83ᵉ., la citadelle de Sisteron; les 58ᵉ. et 83ᵉ. rentrèrent à Aix.

(1) « Les gardes nationales du Var, mal composées, » sont parties successivement, sans ordre. » (Lettre du général Loverdo, à la date du 15 mars.) (Pièce n°. XI.)

(2) Voyez la lettre de ce magistrat. (Pièc. n°. XII.)

Ils y rentrèrent sans avoir à regretter la défection d'un seul homme. Le 87^e^. ne fut pas moins fidèle. Ces faits incontestables montrent avec quelle témérité on en a imposé, lorsqu'on a osé dire, dans un pamphlet intitulé : *Relation exacte des événemens qui ont eu lieu à Marseille, depuis le 3 mars jusqu'au 3 juillet* 1815 : « Que la garde » nationale de Marseille fut forcée de se re- » tirer de Gap, parce que la troupe de ligne » avait passé à l'ennemi. » Ils prouvent avec quelle défiance les esprits sages doivent lire et écouter les accusations.

III.^e^ Époque.

Depuis l'arrivée de S. A. R., jusqu'au moment de la soumission à Bonaparte.

Nous voici arrivés à une époque bien précieuse pour moi : c'est celle où ma conduite a pu être appréciée par un prince auguste ; où j'ai eu le bonheur de recueillir les témoignages les plus honorables et les mieux faits pour me mettre en état de défier et l'erreur et la prévention et même la malveillance.

Le 11 mars, j'avais reçu, par l'adjudant commandant Carbonnel, les dépêches du ministre de la guerre, sous la date du 5. S. Exc. m'annonçait que S. A. R. Monsieur se rendait à Lyon ; que S. A. R. Monseigneur le duc d'Angoulême se rendait à Nîmes, et que je devais prendre, chaque jour, les ordres de leurs Altesses Royales.

Le même jour, je fis repartir cet adjudant commandant avec mon aide-de-camp M. Porcher de Richebourg, chef d'escadron. Celui-ci était porteur d'un rapport que j'adressais à S. A. R. Monsieur, de toutes mes dispositions depuis le 3 mars. Il devait me rapporter les ordres de S. A. R.

Il était chargé en outre d'une dépêche semblable pour Monseigneur le duc d'Angoulême. Il devait la remettre au courrier, en passant par Avignon (1).

S. A. R. la reçut à Nîmes, et je dus être bien satisfait de la manière dont elle jugeait mes dispositions et mes sentimens, lorsque

(1) A son arrivée à Lyon, mon aide-de-camp ayant trouvé *Monsieur* parti, et Bonaparte maître de la ville et de la grande route, crut devoir revenir sur ses pas, et me rapporter ma dépêche. Je lui donnai ordre de repartir aussitôt, et de chercher à remplir sa mission près de S. A. R., quelque part qu'elle pût être. Mais dans l'intervalle, avaient eu lieu les événemens du 20 mars, et M. de Richebourg ne put exécuter mes ordres.

On a osé dire que j'avais expédié un autre aide-de-camp, le sieur Roux, à Bonaparte. Je n'ai qu'un mot à répondre : cet officier ne m'a pas quitté, un seul instant, depuis le 1er. mars jusqu'à mon départ de Toulon pour Paris.

je lus dans sa réponse : « Je serai charmé d'a-
» voir sous peu l'occasion de vous voir, et,
» avec les sentimens élevés qui vous ani-
» ment, je serai heureux de m'entendre
» avec vous sur tout ce que les circonstan-
» ces exigent. »

Ce premier témoignage de confiance me fut d'autant plus précieux que je ne pouvais douter que S. A. R. n'eût reçu sur ma conduite des informations exactes, de la part de M. le marquis de Rivière, ambassadeur à Constantinople, qui se trouvait à Marseille au 1er. mars; et n'avait plus quitté cette ville.

Mais bientôt Monseigneur se porta de sa personne dans mon gouvernement. Il en parcourut les principales villes. Il put tout voir, tout entendre et juger par lui-même : et, loin que cette épreuve m'ait fait encourir la disgrâce à laquelle eût dû m'exposer une conduite perfide, ou seulement équivoque ; c'est surtout depuis lors qu'il m'a comblé de ses bontés et m'a montré une confiance entière.

Nous touchons au moment remarquable où S. A. R., comptant sur son courage et sur le zèle et la fidélité des habitans du Midi, ne craignit pas d'entreprendre, avec de faibles moyens, d'enlever à Bonaparte les avantages qu'il avait obtenus par la surprise et la séduction. Au milieu d'un effroi presque général, ce prince magnanime ne désespéra pas du salut de la France. Son cœur généreux lui dit qu'il fallait défendre le trône, comme autrefois son aïeul avait défendu le sien.

Je fus appelé à seconder cette noble entreprise; et la Provence entière a été témoin que je l'ai fait avec zèle et bonne foi.

Les succès rapides et incroyables de Bonaparte, la défection des troupes armées pour le combattre, la soumission des provinces qu'il traversait, son arrivée à Paris, les ordres réitérés qu'il me fit parvenir, rien ne fut capable d'ébranler ma résolution.

Au moment même où l'on venait d'apprendre la funeste nouvelle de son entrée dans la capitale et de la retraite du Roi, je me rendis à Toulon avec M. le marquis de Rivière. J'y passai en revue les troupes, dont l'esprit faisait concevoir quelques craintes; et, après leur avoir rappelé leur devoir, j'exigeai d'elles un nouveau serment de fidélité à leur souverain légitime : moi-même je leur donnai l'exemple.

Des cris séditieux s'étaient fait entendre à Marseille, à Antibes, à Château-Renard et à Tarascon ; des signes de rébellion étaient arborés. Je fis comprimer ces tentatives de révolte, et rentrer dans l'ordre tous ceux qui cherchaient à le troubler.

Par mes soins, de nombreuses compagnies franches furent armées ; je pressai l'organisation des gardes nationales ; divers corps furent mis en mouvement et pourvus de l'artillerie et des munitions nécessaires.

Cet exposé est bien contradictoire, sans doute, avec le langage de mes dénonciateurs. « Il entravait de tout son pouvoir, » ont-ils dit, l'organisation des corps francs » et des bataillons d'élite. » S. A. R. a daigné se charger elle-même du soin de confondre cette calomnie. Voici ce qu'elle m'écrivait de Nîmes sous la date du 27 mars.

« Dans peu de jours nous serons à même » de commencer les opérations qui doivent » délivrer notre patrie du malheur qui la » menace. *C'est à vous, M. le maréchal, que* » *je dois en grande partie le résultat des* » *efforts que j'ai faits jusqu'à ce moment*, » je vous devrais bien plus encore, si vous » acceptiez le commandement des troupes » qui sont à ma disposition ; je vous engage » donc, de nouveau, si votre santé vous

» le permet, à venir à mon quartier-gé-
» néral, etc.

» *P. S.* Je ne puis que vous renouveler
» ma satisfaction de toute votre noble con-
» duite, et des mesures dont vous me rendez
» compte; *elles me sont une nouvelle preuve*
» d'un dévouement bien digne de vous, et
» que je me plais à reconnaître. » (P. n°. XIII.)

L'état de ma santé ne m'ayant pas permis de me rendre à l'honorable invitation de S. A. R., je lui en exprimai mes regrets (1). Elle eut l'extrême bonté de m'écrire en ces termes le 30.

« Mon cousin, je regrette vivement que
» votre santé ne vous permette pas de venir
» me joindre en ce moment. J'aime à ne
» pas en perdre l'espoir. » (Pièc. n°. XV.)

S. A. R. a consigné des témoignages non moins flatteurs pour moi, jusque dans sa

(1) Les auteurs de la pétition ont affecté de douter de la vérité de cette excuse; elle n'était que trop fondée : M. le marquis de Rivière, M. de la Boulaye, son secrétaire d'ambassade, membre actuel de la Chambre des Députés, qui ne m'ont presque jamais quitté à cette époque, n'en doutaient pas. « Malheureusement votre santé
» ne vous permet pas de commander, me disait le pre-
» mier, dans une lettre du 7 avril, sans cela nous se-
» rions à Grenoble, à Lyon, etc. » (Pièc. just. n°. XIV.)

correspondance la plus intime. Puisqu'on a eu la témérité de publier cette correspondance qui, même en tombant entre les mains de l'ennemi, eût dû être respectée, j'ose croire ne manquer à aucun devoir, en citant ici ces mots d'une lettre écrite par S. A. R. le 30 mars :

« Rivière m'est arrivé ce soir avec de » bonnes nouvelles de Marseille et de Tou- » lon. Le maréchal continue à se conduire » comme un bijou ; cela nous est bien né- » cessaire, parce qu'il n'y a que lui qui » puisse être maître des troupes » (1).

Cette confiance, si honorable pour moi, n'a souffert aucune altération jusqu'au dernier moment. Le jour même de sa retraite sur le Pont-Saint-Esprit, 6 avril, S. A. R., en m'annonçant la nécessité de ce mouvement, me disait encore avec la même bienveillance : « Ce sera une consolation pour » moi de me rapprocher de vous, ayant » une entière confiance dans vos efforts pour » maintenir votre division fidèle au Roi, » et d'être plus à portée de m'aider de vos » conseils et de vos lumières. » (P. n°. XVI.)

En retraçant ici les témoignages précieux

(1) Moniteur du 8 avril.

de la confiance de S. A. R., ai-je besoin de dire que cette confiance était générale? Je vais en fournir des preuves incontestables. En les parcourant, il faudra que l'on reconnaisse qu'aucune prévention ne s'était formée contre moi, même dans les premiers momens des succès de Bonaparte, ou bien que ces préventions, ouvrage de l'erreur, avaient été bientôt dissipées par la réflexion, par l'évidence des faits, et par la loyauté de ma conduite.

« S. A. R. (disait le maire de cette ville » dans une proclamation du 30 mars) » dirigera les mouvemens des fidèles peu- » ples du Midi. Le maréchal, prince » d'Essling, est sous ses ordres. Ce brave » guerrier acquerra la plus grande part » dans la gloire d'avoir sauvé la France. » Sous les drapeaux du fils chéri de la vic- » toire, et avec nos cœurs, nous serons, » comme lui, invincibles. »

Le conseil général des Bouches-du-Rhône m'écrivait aussi, en m'adressant une autre proclamation :

« Le conseil général que j'ai l'honneur » de présider, me charge de présenter à » V. Exc. la proclamation qu'il vient d'a- » dresser à ses administrés. Il doit cet hom-

» mage au héros qui le gouverne, et dans » lequel il a placé l'espérance de son sa» lut » (1). (Pièc. n°. XVII.)

A la même époque. M. le préfet, marquis d'Albertas, aujourd'hui pair de France, avait eu la bonté de m'écrire, de sa propre main, une lettre qui exprime un suffrage bien flatteur pour moi. En voici les expressions :

« J'ai l'honneur d'adresser à V. Exc. un » paquet de M. le préfet de Corse, qui lutte » contre des insurrections partielles qui agi» tent cette île. Si on y savait avec quelle » noble loyauté Monseigneur s'est prononcé » pour le bonheur et le salut de la France; si » on y connaissait l'ivresse de reconnaissance » qui vous fait proclamer par les Marseillais » le sauveur de la France; la Corse jouirait » du repos que vous doit le département. » Je partage l'enthousiasme de tous mes » administrés; je joins mes acclamations » aux leurs; comme eux, et avec eux, je » crie, vive le Roi! vive le prince Mas» séna! » (Pièc. n°. XVIII.)

A la lecture de ces pièces, on se dira

(1) Cette lettre est signée par M. Bruniquet, membre du comité royal qui se forma à Marseille le 25 juin dernier.

sans doute, que la ville de Marseille était alors bien convaincue que je n'avais pas cessé d'être fidèle à la cause royale. Les administrateurs eussent-ils appelé du nom de héros celui que tous les habitans auraient regardé comme un traître? Les eût-on vus invoquer, pour sauver la France, un perfide qui l'aurait vendue; confier toutes leurs forces à celui qui les aurait paralysées quelques jours auparavant?

Que si tous ceux (1) qui avaient été constamment témoins, et témoins éclairés de ma conduite dans ces circonstances difficiles, me jugèrent d'une manière si avantageuse, alors même que ces circonstances étaient encore sous leurs yeux; lorsque le sentiment des maux de la patrie était plus vif que jamais, et que la présence d'un prince vigilant et investi de grands pouvoirs eût rendu si facile le moyen d'obtenir justice contre moi; quelle confiance pourraient inspirer ceux qui, dix mois après, viennent se rendre mes dénonciateurs? Quelle idée faudra-t-il se faire de leurs imputa-

(1) La crainte de fatiguer le lecteur me fait supprimer plus d'un témoignage : ceux de M. le marquis de Rivière, de M. le vicomte de Bruges, de M. de la Boulaye, etc.

tions, quand on les voit confondues par de tels témoignages ?

Je cède ici au désir d'exprimer franchement ce que je pense des auteurs de la dénonciation portée contre moi. Leurs noms, leurs qualités, leur nombre, sont demeurés un mystère pour moi, comme pour le public. Mais je ne saurais croire qu'ils aient quelque droit à se prétendre les organes de l'opinion de la ville de Marseille.

Les témoignages imposans qui s'élèvent en ma faveur sont de bien plus sûrs garans de cette opinion. Je connais d'ailleurs le caractère ardent, mais toujours bon, toujours juste des véritables Marseillais. Ils désavouent, j'en suis certain, les hommes qui n'ont pas rougi de descendre si tardivement au rôle de délateur pour commettre une grande injustice ; et ce ne sera pas la première fois que Marseille, jalouse de sa gloire, aura repoussé et flétri du nom d'étrangers les intrigans qui, pour servir leurs propres passions ou de vils intérêts, ont osé attacher son nom à des actes révolutionnaires qu'elle ne voyait qu'avec horreur.

IV^e^. Époque.

Depuis le 10 avril, jour de la soumission, jusqu'au retour de Sa Majesté.

Serait-ce parmi les circonstances de ma conduite postérieure que mes accusateurs auraient découvert les preuves de ma prétendue trahison ? Ils m'opposent, il est vrai, l'acte par lequel je fus enfin obligé de reconnaître le nouveau gouvernement. Ils en ont donc oublié la date et les circonstances ?

Quelle est l'époque de cette soumission forcée ? Le 10 avril : c'est-à-dire, lorsque depuis deux jours S. A. R. Monseigneur le duc d'Angoulême, après des efforts inouis, avait été lui-même réduit à céder et à s'éloigner du territoire français ; lorsque par l'effet de cette retraite la France entière était soumise.

Mais, si l'époque est décisive, les circonstances ne le sont pas moins. Ceux qui osent m'accuser ne se rappellent-ils plus que, lorsque je me déterminai à me soumettre, déjà une partie des régimens de ma division, placés, par ordre supérieur, hors de mon gouvernement, s'étaient abandonnés à l'entraînement général (1) ? Que les autres étaient sur le point de se livrer à la révolte? Que des séditions avaient éclaté dans Antibes, à Draguignan, à Fréjus ; d'autres, à

(1) Le 58e. et le 33e. régimens étaient placés en avant de Gap, sous les ordres du général Erouf, lorsque leur défection a eu lieu.

Arles, à Avignon et Tarascon ? Ont-ils oublié que des troupes nombreuses, contre lesquelles toute résistance devenait impossible, arrivaient, par les ordres de Bonaparte, au milieu de la Provence ? Ont-ils oublié qu'une prompte soumission parut alors aux meilleurs royalistes eux-mêmes, le seul moyen d'épargner des crimes à des Français, et à mon gouvernement des maux épouvantables ?

Devais-je donc, cédant à l'ardeur imprudente de quelques hommes aveuglés sans doute par un excès de zèle, m'opiniâtrer seul dans une lutte désormais sans espoir, et livrer ainsi la Provence entière aux horreurs de la guerre civile ? Ah ! c'est alors que la patrie et l'humanité m'auraient fait un crime d'une détermination qui eût fait verser inutilement des torrens de sang français. C'est alors que Sa Majesté elle-même m'eût demandé si c'était en sacrifiant les intérêts de son peuple, que j'avais cru être fidèle au roi et à l'honneur ; si c'était ainsi que j'obéissais aux vœux paternels que sa bonté royale avait proclamés dans ces momens de pénible mémoire où elle se vit forcée de s'éloigner de ses sujets.

Non, je ne crains pas de le dire, de tous

les actes de mon autorité comme gouverneur, l'ordre aux Provençaux de cesser une résistance devenue alors impossible, n'est pas celui qui me donne le moins de droits à leur reconnaissance. Et pourquoi hésiterais-je à le proclamer lorsque je puis encore invoquer ici le suffrage de la ville de Marseille elle-même? lorsque je lis dans un extrait des délibérations de son conseil municipal, à la date du 11 avril : « L'assemblée » a unanimement délibéré : 1°. Qu'il serait » envoyé, au nom de la ville, à S. Ex. mon» seigneur le maréchal prince, gouverneur, » une députation de trois membres pour » lui faire connaître que les ordres qu'il a » transmis à M. le préfet, vont être exécu» tés en cette ville; *lui exprimer la recon» naissance de l'administration et des ci» toyens de Marseille*, pour l'intérêt et la » bienveillance que S. Ex. a daigné leur » accorder; la prier de vouloir bien leur » continuer les mêmes sentimens, et lui » témoigner le vœu formé par les Mar» seillais de le voir, aussitôt que ses fonc» tions pourront le lui permettre, réta» blir au milieu d'eux le siége de sa rési» dence (1).

(1) Pièces justificatives, n°. XIX. On peut voir un

Ma conduite, sous le gouvernement de Bonaparte, n'a pu laisser aucun doute sur les motifs qui m'avaient déterminé à me soumettre.

Que les habitans de la Provence se lèvent pour m'accuser, si j'ai abusé du pouvoir que j'avais conservé; si je l'ai employé à persécuter les amis du roi; si je ne l'ai pas fait servir, au contraire, à maintenir le calme, à prévenir toute réaction, toute émeute, toute vengeance particulière! Qu'ils disent, eux qui savent, par une cruelle expérience, à quels excès entraînent les révolutions, si, dans mon gouvernement, celle-là fut souillée d'une seule goutte de sang!

Je ne crains pas de rendre compte des simples mesures provisoires que je fus appelé à exécuter. Si les mouvemens qui eurent lieu à Draguignan m'imposèrent la loi de faire arrêter M. le préfet du Var, en conformité de l'ordre que j'en avais reçu, M. le marquis de Rivière, M. de Brulard, gouverneur de Corse, M. le marquis d'Albertas, préfet des Bouches-du-Rhône, M. le marquis de Montgrand, maire de la ville de Marseille, pourront dire à qui ils doivent

témoignage non moins équivoque dans la lettre que M. le préfet m'écrivait, le 14 avril. (Pièc. n°. XX.)

de ne pas avoir subi le même sort. La ville de Marseille toute entière dira si ce fut de ma part un acte d'oppression ou de protection que le choix que je fis de M. Raymond pour son maire provisoire, après le départ de M. de Montgrand.

Certes, si, après tant de preuves, on pouvait douter encore de la fidélité avec laquelle j'ai servi et défendu jusqu'à la dernière extrémité la cause du souverain légitime, il faudrait convenir du moins que toute ma conduite ressemble bien peu à celle d'un conspirateur, à celle d'un traître qui, même avant l'invasion, aurait vendu sa foi à l'ennemi.

Le succès de Bonaparte, si j'avais été capable de le seconder, eût-il été un seul instant douteux? Ses émissaires eussent-ils été repoussés par la garnison d'Antibes? N'eût-il été rejoint par aucun des généraux, officiers ou soldats qui se trouvaient sous mes ordres? Les troupes que je dirigeai contre lui ne fussent-elles pas devenues son escorte? Aurais-je permis qu'il se compromît seul devant les forces de la 7e. division militaire? M'eût-on vu seconder les efforts du duc d'Angoulême, exciter le zèle des habitans pour la cause royale, quand il dépendait de moi de les paralyser?

Et si, par une seconde supposition destructive de toute idée de conspiration et de complicité, on se retranchait à dire que je craignis de m'associer d'abord à une entreprise incertaine; comment expliquera-t-on ma fidélité au Roi, alors que les premiers succès de Bonaparte furent connus, alors qu'il fut entré dans Grenoble, dans Lyon, dans Paris; alors que l'armée, presque toute entière, s'était rangée sous ses ordres; alors que le Midi seul résistant encore lui donnait les plus vives inquiétudes, et qu'un seul mot de ma part eût pu, sans compromettre ma sécurité, changer la face des choses, et précipiter la soumission de toutes les forces de mon gouvernement? Étrange manière de trahir son prince légitime, que de lui être fidèle jusqu'à la dernière extrémité! Singulier moyen d'aider l'usurpateur, que de rester le dernier à le combattre, lorsque, s'il faut en croire la calomnie, j'étais appelé à être le premier à le servir!

Confondue par l'examen de ma conduite, la malveillance insiste encore; elle cherche à rendre suspecte, par les termes de ma proclamation du 10 avril, l'intention qui jusqu'alors avait dirigé toutes mes actions. Eh quoi! ma soumission, une fois devenue nécessaire, n'a-t-elle pas dû être entière? Lorsque ma conduite n'était plus en mon pouvoir, pouvais-je disputer sur les mots? Que l'on m'apprenne comment, dans un acte que j'adressais au nom du nouveau gouvernement aux habitans de ma division, j'aurais pu me dispenser de leur présenter ce gouvernement comme digne de leur respect et de leur obéissance?

Il en est de ces reproches de mes détracteurs, tout comme des inductions qu'ils cherchent à tirer des motifs d'opinion, d'affection ou d'intérêt qui, selon eux, pouvaient me faire désirer la révolution du 20 mars.

Ainsi donc, c'est moi, constamment étranger à toutes les factions politiques; c'est un ancien soldat parvenu au plus haut grade militaire, pourvu d'une éminente dignité, honoré de la confiance de son souverain, et à qui son âge et ses infirmités rendent désormais le repos si nécessaire, qu'on voudrait présenter comme un ambitieux; comme un conspirateur, jaloux de bouleverser l'état!

On a vu, dans notre révolution, une époque déplorable, où une inquisition politique poursuivit les guerriers jusque dans les camps; où l'on s'enquérait de l'opinion au lieu de s'informer des services; où l'on pouvait être lâche impunément pourvu qu'on fût zélateur de l'opinion du jour; où enfin celui qui servait le mieux son pays était presque toujours le plus près de l'échafaud. Mais cet affreux délire d'un gouvernement odieux, qui travaillait à se détruire lui-même, ne saurait être à redouter sous un souverain légitime. C'est par ses actions qu'un homme public doit être jugé, et non d'après les sentimens qu'on se plaît à lui supposer. S'il était vrai que ma fidélité eût blessé mes affections ou mes intérêts, elle en serait plus louable, sans cesser pour cela d'être moins réelle; et ceux-là savent bien peu ce que c'est que l'honneur, qui ne concevraient pas la possibilité d'un tel sacrifice.

A quoi servent toutes ces vaines inductions pour combattre ce qui est déjà démontré jusques à l'évidence? Pourquoi chercher dans les événemens postérieurs à s'éclairer sur un fait, lorsque ce fait lui-même est déjà si clairement établi? Il ne peut pas être vrai que j'aie favorisé le passage de Bonaparte, puisqu'il est prouvé qu'il n'a pas dépendu de moi de l'empêcher.

Il ne saurait être possible qu'on parvînt à montrer que j'ai trahi mon devoir, puisqu'il est constant et reconnu par tout ce que ma conduite a eu de juges et de témoins sans passions, que je n'ai pas cessé de lui être fidèle.

Mais j'ai déjà trop insisté, pour repousser cette odieuse supposition de trahison et de perfidie. Laissons à Bonaparte lui-même le soin de juger mes sentimens et ma conduite. Voyons, enfin, s'il me traite comme un complice de son usurpation, ou bien comme un ennemi dont la résistance a compromis ses succès.

Le 31 mars, son ministre de la guerre m'écrivait :

« Prince, je reçois le rapport, en date » du 21 courant, que vous adressiez au duc de » Feltre, pour l'informer de diverses dispo- » sitions que le duc d'Angoulême avait faites » jusqu'alors dans la 8ᵉ. division militaire.

» L'empereur ne doute pas *qu'aussitôt* » *que vous aurez été instruit des événemens* » *qui ont eu lieu, et du départ des Bour-* » *bons*, vous ne vous soyez empressé d'ar- » rêter l'effet de ces dispositions, et d'assurer » l'exécution de celles que je vous ai indi-

» quées, par ma lettre du 27 de ce mois, » pour faire reconnaître et respecter l'auto- » rité de Sa Majesté, etc., etc. » (Pièc. nº. XXI.)

Ainsi Bonaparte lui-même ne doutait pas que je ne fusse demeuré fidèle aux Bourbons, aussi long-temps qu'ils seraient restés en France; ce n'est que lorsque j'aurai reçu la nouvelle de leur départ, qu'il s'attend à ma soumission! Faudra-t-il que je dise encore que je ne fus point son complice?

Cette attente même fut déçue; on sait à présent combien peu je me hâtai d'exécuter ses ordres, même après que le Roi se fut éloigné de Paris; on sait que je ne cédai que lorsque Monseigneur le Duc d'Angoulême eut cédé lui-même. Ma résistance eut l'effet auquel je m'attendais et qu'elle devait produire : je fus rappelé de mon gouvernement, et mandé à Paris par des ordres réitérés (1).

C'était Bonaparte qui m'accusait alors

(1) Le 12 avril, le ministre de la guerre m'écrivait : « Prince, j'ai l'honneur de prévenir V. Exc. que l'in- » tention de l'empereur est que vous vous rendiez en » poste à Paris, pour y recevoir de nouveaux ordres.

» J'adresse le même avis à M. le lieutenant général » Miollis, qui avait le commandement de la 1ere. subdi- » vision de la 8e. division militaire, et à M. le maréchal d'avoir oublié mon ancien empereur, d'avoir méconnu les véritables intérêts de la patrie, d'avoir compromis le repos du Midi et le succès de son entreprise.

Mais alors, comme aujourd'hui, je répondais : *j'ai fait mon devoir*. Je lui rappelais que la France m'avait vu aussi au mois d'avril 1814, sur les remparts de Toulon, le dernier à amener le drapeau tricolore ; que Sa Majesté Louis XVIII n'avait pas jugé que cette conduite me rendît moins digne de sa bienveillance ; et, me fondant sur cet exemple de justice, j'osai ajouter ce que l'histoire avait dit avant moi : que ce n'étaient pas les hommes qui, les premiers, abandonnaient un gouvernement trahi par la fortune, qui méritaient le mieux l'estime et la confiance du nouveau gouvernement.

» de camp Corsin, qui commande l'arrondissement
» d'Antibes. » (N°. XXII.)

Ce 13 avril.

« Monsieur le maréchal, j'ai l'honneur de vous
» prévenir que l'intention de l'empereur est que vous
» vous rendiez à Paris à la réception de ma lettre, et
» que vous remettiez votre commandement au général
» comte Grouchy, etc. »

Aussi long-temps que la domination de Bonaparte a duré, j'ai été étranger à tout service militaire.

Il venait d'être précipité du trône, et la France était dans la situation la plus terrible où elle se soit jamais trouvée, lorsque j'acceptai la place de commandant de la garde nationale de Paris, c'est-à-dire, la charge de veiller à maintenir l'ordre et la sûreté dans la capitale, au moment où tant de causes réunies, où tant d'intérêts froissés, où des craintes si graves, des espérances si mal dissimulées et des événemens si extraordinaires semblaient destinés à compromettre, non-seulement sa tranquillité, mais son existence. Consultant moins mes forces que mon zèle, le soin de mon repos que l'amour de ma patrie, j'osai me charger de ce pénible fardeau; et ce dernier sacrifice, si bien récompensé par le résultat heureux et presque inespéré de mes efforts et du dévouement de tous ceux qui étaient placés sous mes ordres, n'est pas le moindre des titres que je puis avoir à l'estime de mes concitoyens.

Il m'est doux, en réunissant ce succès au souvenir des maux que j'eus le bonheur d'épargner à la Provence quelques mois auparavant, de penser que, si mes premières années furent consacrées à ajouter quelque éclat à la gloire militaire de la France dans cinq cents batailles ou combats, mes derniers efforts ont concouru à obtenir un prix bien plus précieux, le repos et le salut d'une grande population.

De tels souvenirs ne suffisent pas toujours pour mettre à l'abri de la calomnie; mais je sens qu'ils sont capables de consoler celui qui a le malheur d'être en butte à ses traits.

Comment pourrais je, d'ailleurs, les craindre encore lorsque la Providence semble elle-même avoir disposé tant de moyens pour m'aider à les repousser; lorsque mes dénonciateurs ne m'attaquent que par de vaines allégations; tandis que j'ai l'avantage de leur opposer des faits incontestables, le témoignage des administrateurs de la Provence, celui de tous les vrais amis du Roi qui furent le plus à portée de suivre et de juger mes actions, les suffrages honorables du prince qui fit de si nobles efforts pour sauver la France de l'abîme de maux dans lequel elle a été plongée, et jusqu'à l'opinion de celui dont on prétend que j'étais le plus utile complice?

Me ferai-je illusion, si j'ose croire que jamais accusation contre un homme public ne fut hasardée, je ne dirai pas avec aussi peu de raison, mais avec moins de prétextes? Je ne sais même si, en considérant avec quelle légèreté celle que je viens de combattre a été formée et répandue, on ne serait pas excusable, de soupçonner que la haine de quelques-uns de ceux qui me poursuivent, tient à d'autres causes qu'à ma conduite dans ces derniers temps. Mes véritables torts, à leurs yeux, ne seraient-ils pas les honneurs et les dignités qu'ont mérités à un soldat de longs services rendus à la patrie, et peut-être ces services eux-mêmes?

Mais que m'importent les motifs secrets de mes calomniateurs? Sous un Roi juste et éclairé, sous un ministère qui veut défendre les véritables intérêts du prince et du peuple, au milieu d'une nation brave et généreuse que ses malheurs n'ont ni accablée ni flétrie, l'erreur seule ou l'ignorance des faits peuvent amener l'injustice. Je puis donc être désormais sans craintes, puisque j'ai fait connaître la vérité.

Mes ennemis renouvelleront-ils leurs attaques! Les verra-t-on s'acharner à me disputer les faibles restes de mon existence? Dans aucun cas, je ne reprendrai la plume pour me défendre. Ma vie ne vaut pas tant de soins ; c'est assez pour moi que ma réputation soit hors de leurs atteintes. Il me suffit de pouvoir me dire qu'il ne dépend de personne de me ravir le prix le plus noble des travaux d'un maréchal de France, l'estime des gens de bien, et le suffrage des braves.

LE MARÉCHAL DE FRANCE,

PRINCE D'ESSLING, MASSÉNA.

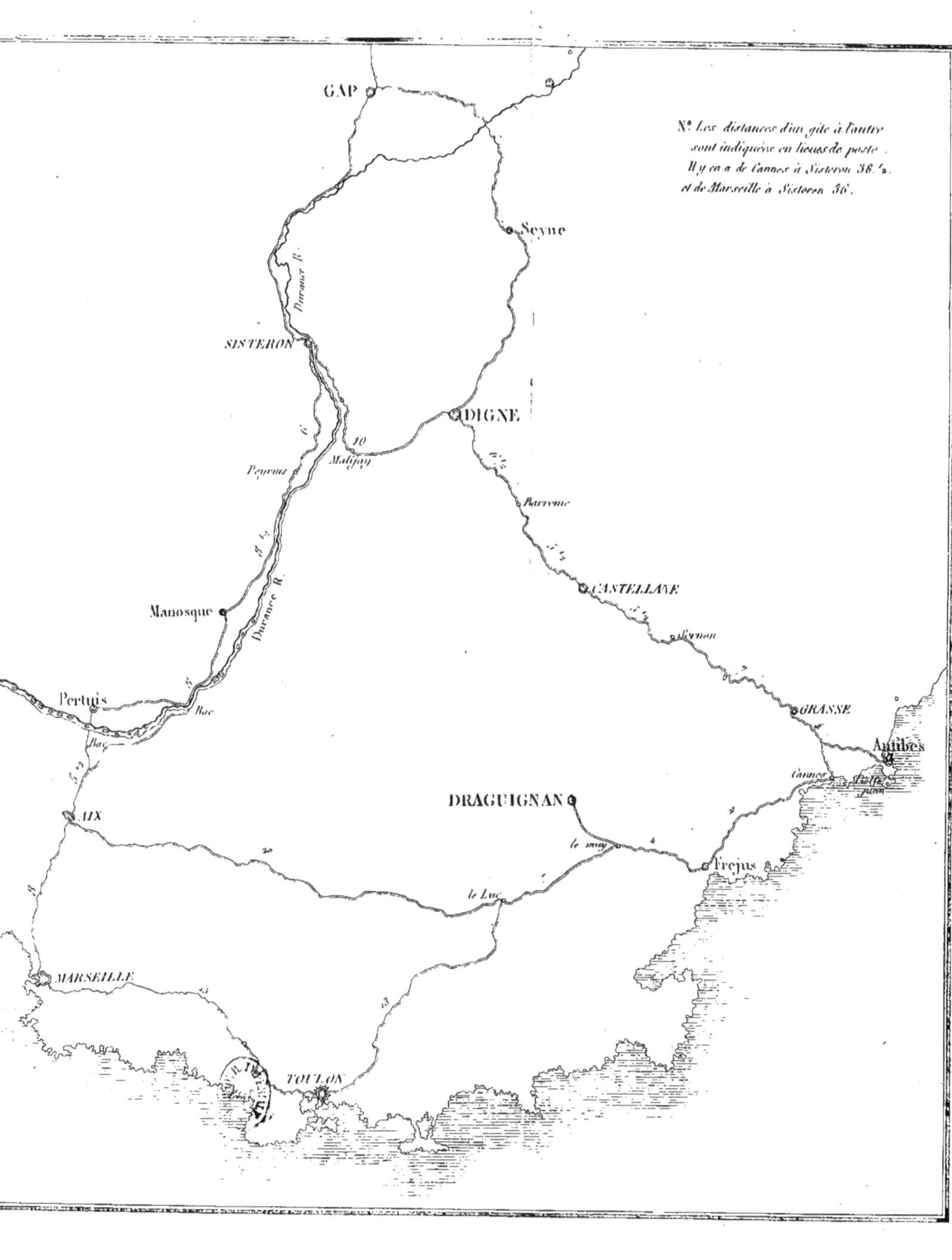

Nª Les distances d'un gite à l'autre sont indiquées en lieues de poste. Il y en a de Cannes à Sisteron 38. ½. et de Marseille à Sisteron 36.
GAP
Seyne
Durance R.
SISTERON
DIGNE
10
Malijay
6
Peyruis
Barreme
Manosque
Durance R.
CASTELLANE
Sernon
Pertuis
Bac
Bac
GRASSE
Antibes
Cannes
DRAGUIGNAN
AIX
20
le muy
Frejus
le Luc
MARSEILLE
TOULON

# PIÈCES JUSTIFICATIVES.

## N°. I^er^.

Draguignan, le 2 mars 1815.

*A Monsieur le lieutenant général, baron Abbé, commandant les départemens des Basses-Alpes et du Var.*

Mon général,

J'ai l'honneur de vous informer qu'aujourd'hui, sur les deux heures du matin, M. le chef d'escadron commandant la gendarmerie à Draguignan m'a rendu compte qu'il venait d'être instruit par un gendarme d'ordonnance que cinquante hommes de la garde de l'ex-empereur Napoléon, venant de l'île d'Elbe, ont débarqué hier dans la journée dans le golfe Juan.

Après m'être consulté avec M. le préfet du Var, j'ai de suite fait partir cinquante hommes du 87^e^. régiment, avec armes et bagages, commandés par un capitaine et un lieutenant, pour se rendre au Muy, et y rester jusqu'à nouvel ordre.

Aussitôt que j'apprendrai quelque chose de cet événement, je m'empresserai de vous en informer.

Je pars à l'instant (six heures du matin), avec mon aide-de-camp, pour me rendre également au Muy.

M. le préfet, ainsi que la gendarmerie, se rendent aussi au Muy.

Daignez agréer, etc.

*Signé* le maréchal de camp commandant l'arrondissement de Draguignan, baron de Morangiés.

## N°. II.

Toulon, 2 mars 1815.

Monseigneur,

J'ai reçu ce soir la lettre dont copie est jointe à la présente. J'étais, au moment de sa réception, auprès de M. le général baron de l'Hermite, préfet maritime. Je lui en ai donné connaissance ; il m'a lui-même, et de suite, donné communication d'une lettre par laquelle il est avisé que des hommes des troupes qui sont à l'île d'Elbe, ont eu des congés pour revenir en France, et aller près de leur famille. C'est ce que j'ai pu présumer et dire à M. le général Morangiés, en répondant à sa lettre. Mais je lui ai recommandé de voir M. le préfet, pour que, de concert avec lui, les brigades de gendarmerie qui sont près de Draguignan, puissent être réunies à celle qui a quitté sa résidence, et aller sur l'Esterelle; et comme, pour avoir de plus sûres informations, je le charge de réunir à la gendarmerie les troupes qui lui paraîtront nécessaires.

En demandant l'officier de gendarmerie qui est ici, pour en apprendre ce qu'il pourrait lui-même savoir sur cette circonstance, et lui dire ce qu'il pouvait faire pour s'en instruire; il m'a paru si peu entendu, que je me suis déterminé à partir moi-même en poste pour me rendre à Draguignan, où je serai demain avant midi. Avant mon départ, j'ai chargé M. le comte de Lardenoy, commandant de la place, de tenir les voltigeurs de la garnison prêts à marcher au moment que j'aurai reconnu la nécessité de lui en donner l'ordre. Je ne manquerai pas, Monseigneur, de donner connaissance à Votre Altesse de ce que j'aurai vu et reconnu à cet égard.

J'ai l'honneur d'être,

*Signé* le baron ABBÉ.

## N°. III.

Marseille, le 3 mars 1815.

*A son excellence le maréchal prince d'Essling, gouverneur de la 8e. division militaire.*

Monseigneur,

J'ai l'honneur de rendre compte à V. Exc., que je reçois à l'instant, par ordonnance extraordinaire, de monsieur le chef du 45e. escadron, l'avis qu'un général et soixante grenadiers des troupes de l'île d'Elbe, tous légionnaires, étaient débarqués au golfe *Juan*, venant de cette île.

Le brigadier de la résidence de Cannes, qui fait ce rapport, dit qu'on craint que l'empereur lui-même ne soit à la tête; il dit également que le général (Comber, général de brigade, major des chasseurs à pied de la garde impériale), a demandé un passe-port pour se rendre à Toulon. Je fais en même temps l'envoi au capitaine Silvy, commandant la gendarmerie du Var, de l'ordre que lui a donné ce même général (auquel, bien entendu, il n'a point obtempéré). J'ai l'honneur d'en adresser une copie à V. Exc.

M. le chef du 45e. escadron me mande, à la date du 2, à trois heures et demie du matin, qu'il part avec M. le maréchal de camp baron Morangiés et le capitaine Silvy, pour se rendre au lieu du débarquement; qu'il a donné l'ordre à la compagnie du Var de se mettre en marche partiellement pour plus de promptitude, et de se joindre à lui en se dirigeant sur Fréjus. Il me fera part de tout ce qui se passera, et j'aurai l'honneur d'en instruire V. Exc.

Si V. Exc. l'approuve, je partirai en poste sur-le-champ, pour me rendre à Fréjus, où la comgnie du Var doit se réunir.

Daignez, Monseigneur, etc.

Le colonel de la 23e. légion,

*Signé* VINCENT.

---

## No. IV.

Fréjus, 3 mars 1815.

*Le préfet du département du Var à M. le maréchal Masséna, prince d'Essling, gouverneur de la 8e division militaire.*

M. LE MARÉCHAL,

Je m'empresse de vous informer que les troupes à la tête desquelles est Bonaparte, ont dû coucher aujourd'hui à Digne; elles se composent de ce qui faisait sa garnison à l'île d'Elbe, environ mille hommes. Il a avec lui quatre ou six pièces de canon de campagne et beaucoup d'argent. Il achète des chevaux à tout prix. Il se dirige sur Grenoble et Lyon ; mais la route qu'il a prise doit lui offrir beaucoup de difficultés.

J'avais réuni ici toutes les gardes nationales des communes voisines, croyant, lorsque je suis parti de Draguignan, qu'il se dirigerait de ce côté ; mais que pouvait cette troupe mal armée ? J'ai déjà eu l'honneur de vous adresser, monsieur le maréchal, un rapport par ordonnance de gendarmerie, et vous avez été instruit par cette arme des dispositions qui avaient été prises.

Les lieutenances de gendarmerie de Toulon et Brignoles sont réunies au Luc, en attendant de nouveaux ordres. Douze hommes de cette arme sont à Fayence.

Les vingt-cinq hommes du 87e., qui sont depuis long-temps à Saint-Rapheau, y sont retournés ce matin.

Cinquante hommes, venus de Draguignan, y retournent par Fayence.

Je vais à Cannes, à Antibes et à Grasse organiser encore les gardes nationales, et en faire armer, s'il est possible, pour qu'elles deviennent disponibles en cas de besoin.

Un courrier, que j'envoie à Lyon et à Paris, doit en faire partir un d'Aix pour vous porter la présente.

J'oubliais de vous dire, M. le maréchal, que mon département est aussi tranquille que possible, et que cet événement n'a fait écarter personne de son devoir. Il est cependant affreux de penser que ces mille hommes sont partis de l'île d'Elbe sans être vus de la frégate en croisière, et sont débarqués sans qu'il y ait eu un seul coup de fusil tiré.

Je suis, etc.

*Signé* le comte de BOUTHILLIER.

## N°. V.

Fréjus, le 2 mars 1815.

*Le préfet du département du Var, à M. le maréchal Masséna, prince d'Essling, gouverneur de la 8ᵉ. division, à Marseille.*

MONSIEUR LE MARÉCHAL,

Ayant été informé cette nuit, à quatre heures, que cinquante hommes de la garde de Bonaparte, venant de l'île d'Elbe, étaient à Cannes, et faisaient partie d'un fort détachement débarqué au golfe Juan, dont on porte la force, depuis deux cents hommes jusqu'à trois cents, je me suis rendu à Fréjus, et j'ai mis en réquisition les gardes nationales des communes du Muy, du Puget et de Roquebrune, pour se joindre aux cent hommes de la garnison de Draguignan, que M. le général Morangiés a jugé convenable de diriger sur ce point. J'ai également envoyé des ordres aux communes de Fayence, Seillans, et environs, pour prendre les armes et garder les passages, en avertissant Draguignan de ce qui viendrait à leur connaissance, puisque l'on assure que cette troupe, à la tête de laquelle on va même jusqu'à placer Bonaparte, se dirige par Grasse sur les Basses-Alpes. Une reconnaissance de gardes nationaux et de douaniers, de troupes de ligne et de gendarmerie, vient d'être envoyée sur la route de l'Esterelle, avec ordre de pousser jusqu'à Cannes. Nous ignorons, jusqu'à ce moment, ce qui se passe à Antibes, la communication étant interceptée, puisque aucun voyageur n'a paru depuis hier au soir. J'ai rendu compte aux différens ministres, par le courrier d'aujourd'hui, de cet événement, et j'ai pensé, M. le maréchal, qu'il était de mon devoir de vous informer de la conduite que j'avais tenue et des dispositions qui avaient été faites.

Je suis, etc...

*Signé*, le comte DE BOUTHILLIER.

## N°. VI.

Aix, le 5 mars, au matin.

MONSIEUR LE MARÉCHAL,

M. le chef d'escadron m'a remis la dépêche que votre excellence m'a envoyée.

J'ai dirigé sur Sisteron le 83e. régiment et les six compagnies d'élite du 58e. arrivées hier au soir à huit heures. Ces troupes s'y rendront avec toute la diligence possible. J'ai chargé en même temps M. Gravier, maire de Gréoux, d'y réunir les gardes nationales de sa commune de Manosque, et autres endroits environnans, sous le plus bref délai ; j'y serai de même. J'ai chargé M. le sous-préfet de faire partir avec la colonne les deux pièces d'artillerie de la garde nationale de cette ville, avec leurs caissons et munitions. Ce magistrat m'a adressé la réponse dont j'ai l'honneur d'envoyer la copie à votre excellence. Il serait aussi nécessaire qu'il fût expédié deux pièces de l'arsenal royal pour remplacer celles-ci hors d'usage.

J'ai fait part de l'état des choses à M. le général comte Marchand, commandant la division à Grenoble.

Je prie votre altesse d'agréer, etc.

*Signé* le lieutenant général Comte MIOLLIS.

*P. S.* J'ai l'honneur de vous adresser la lettre du général commandant le département des Basses-Alpes, dont j'ai pris connaissance. Je hâte le plus possible notre mouvement sur Sisteron, où nos troupes seront vraisemblablement après-demain ; je laisse des ordres ici pour que le restant du 58e., que votre altesse m'annonce, suive la même direction que la colonne.

## N°. VII.

Monseigneur,

Deux lettres, dont l'une, de M. le préfet du Var, datée d'hier à une heure et demie de l'après-midi, adressée à M. le préfet de ce département; et l'autre, de M. le chef d'escadron de gendarmerie au capitaine de la compagnie des Basses-Alpes, ayant annoncé positivement un débarquement de quinze cents à deux mille hommes, opéré dans le golfe de Juan, qui a poussé une avant-garde de soixante hommes à Cannes, et qui paraît prendre la direction de Grasse, pour remonter de là vers les Basses et Hautes Alpes; je prends le parti de réunir la compagnie de gendarmerie pour me porter à Castellane avec M. le préfet, à l'effet d'éclairer les routes de Grasse, de Draguignan et du Var, qui y aboutissent. Je dispose une ligne de correspondance par Riez et Quinson avec Toulon et les Bouches-du-Rhône. J'ai préféré de me porter sur Castellane, parce que cette route est entièrement découverte, et que le préfet du Var annonce qu'il s'est porté à Fréjus, avec les forces qui sont à Toulon, couvrant la route de Riez. Je ne puis faire autre chose qu'éclairer la route de Castellane, car je n'ai pas assez de monde pour la couvrir contre deux mille hommes. Je tiens prêtes à marcher les trois compagnies du 87e. à Digne, afin de les porter où vos ordres, ou les événemens, à défaut d'ordres, m'obligeront d'aller. Je prends des précautions pour ne pas être surpris. Vos dépêches peuvent m'arriver rapidement par la route de Riez ; je les attends avec la plus grande impatience. J'ai pris pour prétexte de la réunion de la compagnie de gendarmerie des poursuites contre les déserteurs, afin de ne pas effaroucher l'esprit des habitans, qui me paraissent, au surplus, assez bien disposés. J'avoue que ce débarquement me paraît tenir du fabuleux : je ne saurai positivement à quoi m'en tenir qu'à l'arrivée de vos ordres.

J'ai l'honneur d'être, etc.

Le maréchal de camp, commandant le département des Basses-Alpes,

*Signé* LOVERDO.

Digne, le 3 mars 1815.

## N°. VIII.

## RAPPORT.

MONSEIGNEUR,

Je vous ai rendu compte que j'ai appris, le 4 mars à quatre heures du matin, que Napoléon était arrivé la veille à sept heures du soir à Barrème, avec une colonne dont j'ignorais la force, mais qu'on évaluait de deux à trois mille hommes. L'avis portait que cette colonne se mettrait en marche pour Digne le lendemain 5, à cinq heures du matin, et qu'elle comptait y arriver avant neuf heures.

La compagnie de gendarmerie était encore dispersée et les gardes nationales du département presque nulles. Il ne me restait donc que les trois compagnies incomplètes du 87e. régiment. Quoique je comptasse sur la fidélité des officiers et l'obéissance de la troupe, ces faibles moyens m'ont paru insuffisans pour arrêter la marche d'une force très-supérieure, rendue très-formidable par la séduction qui la précédait et l'accompagnait, et qui me paralysait par la rapidité de la marche tout autre moyen éloigné du point où je me trouvais dans le moment. Après en avoir conféré avec le préfet du département, j'ai dû prendre le parti de diriger mes trois compagnies sur Valensole, tant pour éviter tout point de contact dans un premier moment d'étonnement, que pour me mettre en mesure de me réunir aux troupes du Roi, débouchant de la Basse-Provence.

Je fis en même temps éclairer la route de Barrème à Digne, et je fus rapidement reconnaître celle de Barrème à Maligierie par la Clue, qui traverse près de Château-Rhédon la route que parcouraient les trois compagnies du 87e. Après m'être assuré du passage de cette troupe à Mézel, je me suis transporté rapidement à Malijai, où j'ai trouvé dix-huit gendarmes à cheval qui avaient été appelés à Digne par un ordre de la veille. La reconnaissance que je poussai de suite vers Digne, m'annonça l'approche de l'avant-garde des troupes qui y étaient entrées à midi. Cette avant-garde occupa Malijai avant six heures du soir, et Napoléon y arriva avec ses principales forces à neuf heures. Je me suis tenu toute la nuit à proximité de Malijai pour connaître exactement la force des troupes qui l'occupaient, et pour en éclairer les mouvemens.

Des ordres ont été envoyés pendant la nuit aux trois compagnies du 87$^{e}$. régiment qui *restaient fidèles au Roi et à l'honneur*. On m'écrivit aussi plusieurs lettres, dont une seulement m'est parvenue : je n'y fis aucune réponse.

Ce ne fut que le 5 matin que j'ai pu connaître exactement la force de la colonne débarquée. Elle consiste en quatre ou cinq cents hommes tant bien que mal montés, cinq à six cents canonniers, grenadiers ou chasseurs de l'ancienne garde, et quatre à cinq cents Corses ou étrangers. Toutes ces troupes quittèrent Malijai successivement avant une heure de l'après-midi, se dirigeant sur Sisteron, *où elles arrivèrent en trois portions d'une heure du matin à dix heures du matin, et à cinq heures du soir*. Je fis passer les gendarmes à cheval, qui suivaient les mouvemens de cette colonne, sur Valonne, à Peyruis, dès que je fus informé de l'arrivée de M. le lieutenant général Miollis à Manosque, où je me suis rendu de suite : je le suivis le lendemain à Sisteron.

Napoléon a quitté Sisteron le 5 à deux heures de l'après-midi, et il est arrivé avec une partie de sa troupe à Gap, à sept heures du soir : le reste le suivit de près. Cette colonne est partie de Gap le 7 à trois heures du soir pour Coups ; et l'avant-garde partie six heures d'avance est arrivée le même soir du 6 à la Mure. M. le lieutenant général comte Miollis donnera à votre excellence des nouvelles ultérieures sur les événemens qui ont succédé.

*Signé* le maréchal de camp DE LOVERDO.

## ORDRE.

L'empereur ordonne que M. le chef de bataillon Chauveau, avec trois compagnies du 87e., se rende auprès de lui à Digne, pour se réunir aux braves de la garde impériale et marcher avec l'aigle.

Digne, le 4 mars 1815.

Le gnd maréchal, faisant fonction de major général de la grande armée,

*Signé* Comte BERTRAND.

GÉNÉRAL,

L'empereur a appris avec plaisir que vous commandiez à Digne. S'il en eût été informé plus tôt, il vous eût prévenu de sa marche. L'empereur me charge de vous mander qu'il désire voir un des anciens soldats de l'armée d'Italie, et vous engage à venir lui parler. Vous serez toujours libre du parti que vous voudrez prendre.

Veuillez agréer, etc.

Digne, ce 4 mars.

Le grand maréchal, *signé* Comte BERTRAND.

A M. le général LOVERDO.

Pour copie conforme, le maréchal de camp,

*Signé* DE LOVERDO.

## N°. IX.

Digne, le 4 mars 1815, à cinq heures du matin.

MONSEIGNEUR,

La troupe qui a débarqué le 1er. au golfe de Juan, s'est portée le 2 à Sernon, et le 3 à Castellane et à Barrême. J'en reçois à l'instant l'avis : elle a demandé cinq mille rations de vivres à Castellane, et beaucoup de moyens de transport. Comme il y a apparence que, dans quelques heures, elle sera ici, *je me retire sur Mézel avec le demi-bataillon du 87e., et je donne ordre à toutes les brigades de gendarmerie de quitter la route pour se replier vers Aix et Toulon en cas de besoin.* Je vous rendrai compte des événemens ultérieurs. J'attends avec impatience vos ordres. Je donne avis de la marche rapide de cette troupe au général commandant les Hautes-Alpes. *Si Sis-*

*teron était en état de défense, je m'y serais renfermé pour barrer le pont de la Durance que je ne puis plus faire sauter, étant pressé par la marche rapide de ce corps que l'on évalue de deux à trois mille hommes.* Comme il paraît qu'il ne fait que passer, je vous ferai connaître exactement sa direction, qui paraît vers les Hautes-Alpes et l'Isère.

J'ai l'honneur d'être, etc.

Le maréchal de camp, *signé* DE LOVERDO.

---

## N°. X.

Digne, le 9 mars 1815, à huit heures du soir.

MONSEIGNEUR,

Je viens de recevoir à l'instant une lettre de M. le général comte Miollis, qui m'annonce que les débarqués de l'île d'Elbe n'ont pu parvenir à Grenoble, et que l'on marche sur leurs derrières : l'on assure que le 5e. de ligne s'est opposé au passage en avant de Grenoble.

Monsieur le général comte Miollis se dispose à prolonger son mouvement en avant de Gap, et me donne l'ordre de le rejoindre avec les troupes que M. l'adjudant Pascalis a amenées, après avoir toutefois assuré la défense de Sisteron et de tous les passages.

J'amènerai avec moi les deux détachemens du 78e., venant de Digne et Draguignan, les gardes nationales du Var, cent soixante hommes et les cinq cents hommes de Marseille. Il restera à M. l'adjudant général Pascalis cent soixante gardes nationaux des Basses-Alpes, deux cents du Var, deux cents d'Aix, et le 58e. que je ne mettrai en mouvement qu'après qu'il sera arrivé de Manosque ; et, en cas de besoin, ce que je ne crois pas, *car les troupes de Grenoble, celles du général Rostollan, la colonne du comte Miollis et celle que j'amène, sont des moyens suffisans pour détruire les troupes de Bonaparte, et lui fermer tous les passages.*

M. l'adjudant général Pascalis tiendra au courant V. Exc. de tous les événemens ultérieurs.

J'ai l'honneur, etc.

*Signé* le maréchal de camp DE LOVERDO.

---

## No. XI.

Sisteron, le 15 mars 1815.

MONSEIGNEUR,

Ma lettre vous sera remise par M. de Lagvy, commandant de la garde nationale d'Aix, qui rentre, d'après les ordres du lieutenant-général comte Miollis. Le bataillon marseillais a reçu ordre cette nuit de partir de Gap. Il suivra le mouvement de celui d'Aix. Il ne me restera donc ici que les trois compagnies du 87e. que je rappelle de Valx, et la garde urbaine incomplète et non encore organisée de Sisteron. Les gardes nationales du Var mal composées, sont parties successivement sans ordre. Celles des Basses-Alpes ne sont pas encore organisées, et ne le seront pas de long-temps. J'espère néanmoins assurer le point de Sisteron avec le peu de forces que j'ai sous la main.

Je prie V. Exc. d'agréer, etc.

Le maréchal de camp commandant les Basses-Alpes. DE LOVERDO.

---

## N°. XII.

Marseille, le 12 mars 1815.

MONSEIGNEUR,

D'après les renseignemens officiels qui nous sont arrivés sur la marche de Bonaparte, il me paraîtrait convenable de rappeler à Marseille le détachement de la garde nationale qui en était parti pour se mettre à sa poursuite sur la route de Gap. Si votre excellence partage cette opinion, fondée sur le besoin que la ville a de cette force pour maintenir la tranquillité intérieure, je la prie de vouloir bien donner des ordres nécessaires pour son retour.

Je suis avec respect, etc.

Le préfet, *signé* ALBERTAS.

## N°. XIII.

A mon quartier-général de Nîmes, le 27 mars 1815.

Mon cousin, les différens corps dont j'ai ordonné la formation commencent à s'organiser : les munitions de toutes espèces arrivent lentement, à la vérité ; mais dans peu de jours nous serons à même de commencer les opérations qui doivent délivrer notre patrie du malheur qui la menace. *C'est à vous, monsieur le Maréchal, que je dois en grande partie les heureux résultats des efforts que j'ai faits jusqu'à ce moment ;* je vous devrai bien plus encore, si vous acceptez le commandement des troupes qui sont à ma disposition et de celles qui se forment sur mes derrières ; je vous engage de nouveau, si votre santé vous le permet, à venir le plus tôt possible à mon quartier-général, après avoir confié le commandement des postes et des places à des militaires connus et dévoués à la cause du Roi. La ville de Toulon me paraît mériter votre attention particulière ; car, d'après les rapports que j'en reçois, les autorités militaires ne montrent pas un grand caractère. Je m'en rapporte à votre sagesse pour les changemens qu'il y aurait à faire à cet égard, pour conserver au Roi une marine dont la perte serait difficile à réparer. Je vous autorise donc, monsieur le Maréchal, à disposer des troupes de la marine comme vous jujerez le plus convenable pour le service du Roi.

Sur ce, je prie Dieu, mon cousin, qu'il vous ait en sa sainte et digne garde.

Votre affectionné cousin,

*Signé* Louis Antoine.

*P. S.* Depuis ma lettre écrite, j'ai reçu, mon cousin, votre dépêche en date d'hier. Je ne puis que vous renouveler ma satisfaction de toute votre noble conduite et des mesures dont vous me rendez compte. Elles me sont une nouvelle preuve d'un dévouement bien digne de vous, et que je me plais à reconnaître.

Je me porte demain au Pont-Saint-Esprit, où se rendra après-demain mon quartier-général.

*Signé* Louis Antoine.

---

## N°. XIV.

7 avril.

Monseigneur,

J'ai reçu les deux lettres que vous m'avez fait l'honneur de m'écrire. Je vous envoie un paquet de M. le général Ernouf. M. le préfet Harmand me parle de la défection du 83e.; on dit cependant que quatre cents hommes sont revenus, et qu'on en annonce encore. Je suis bien aise que vous soyez content de la position que Monseigneur avait prise; mais je crains que le mouvement de Nîmes ne change ses dispositions.

*Toutes les troupes qui seront sous vos ordres seront toujours bien, seront dans la main, et seront au Roi. Malheureusement votre santé ne vous permet pas de commander; sans cela nous serions à Grenoble, à Lyon; et nulle part, ou dans bien peu d'endroits, nous n'aurions pas eu de défection.*

Je n'ai pas eu de réponse pour madame la comtesse Bertrand; mais je me suis assuré hier qu'elle était bien, et que tout le monde était occupé qu'elle fût sûrement et très-poliment.

La plus grande tranquillité a été dans la ville hier et aujourd'hui.

Je fais marcher les sept ou huit cents hommes, gardes nationaux et douaniers, sur Tarascon et Château-Renard. J'aurai l'honneur de vous mander les résultats de cette petite expédition.

Recevez, Monseigneur, l'assurance, etc...

*Signé,* Ch. marquis DE RIVIÈRE.

S'il en avait besoin, je recommanderais encore à vos soins mon bon La Boulaye, bien malheureux.

## N°. XV.

De mon quartier-général au Pont-St.-Esprit, le 30 mars 1815.

Mon cousin, j'ai reçu presque en même temps vos deux lettres d'hier, dont l'une apportée par le général marquis de Rivière. Ce qu'il m'a dit de votre part, et ce que vos lettres contiennent, m'a fait le plus grand plaisir. Je regrette vivement que votre santé ne vous permette pas de venir me joindre en ce moment. J'aime à ne pas en perdre l'espoir; j'aurais tant besoin de vos conseils. Puisque vous ne pouvez pas me les donner sur le terrain, je vous demande au moins de me les donner par écrit. — Nous avons eu ce matin en avant de Montélimart une petite affaire, dont le général marquis de Rivière vous rendra compte. Je vous renouvelle avec empressement, monsieur le maréchal, l'assurance de toute mon estime et de toute ma confiance.

Sur ce, je prie Dieu, mon cousin, qu'il vous ait en sa sainte et digne garde.

Votre affectionné cousin,

*Signé* Louis Antoine.

J'ai aussi le plaisir de recevoir vos deux lettres des 27 et 28.

## N°. XVI.

Valence, le 6 avril 1815.

Mon cousin, les insurrections de Nîmes et de Montpellier me menacent d'avoir mes communications interceptées avec la huitième division d'où je dois à présent tirer toutes mes munitions; je me vois obligé, quoiqu'avec peine, de repasser l'Isère et la Drôme, et de me rapprocher du Pont-Saint-Esprit, d'où je vous enverrai de nouveau de mes nouvelles. Ce sera une consolation pour moi de me rapprocher de vous, ayant une entière confiance dans vos efforts pour maintenir votre division fidèle au Roi, et d'être plus à portée de pouvoir m'aider de vos conseils et de vos lumières.

Sur ce, je prie Dieu, mon cousin, qu'il vous ait, etc.

*Signé* Louis Antoine.

## N°. XVII.

Marseille, le 30 mars 1815.

*Bruniquet, président du conseil général du département des Bouches-du-Rhône;*

*A S. Ex. le maréchal prince d'Essling, gouverneur de la 8me. division militaire.*

Monseigneur,

Le conseil général du département des Bouches-du-Rhône, que j'ai l'honneur de présider, me charge de présenter à votre excellence la proclamation qu'il vient d'adresser à ses administrés ; il doit cet hommage au héros qui les gouverne et dans lequel il a placé l'espérance de son salut.

Le conseil vous prie, monseigneur, d'être bien assuré qu'il n'est rien que votre excellence ne puisse attendre de son zèle, dans l'étendue des pouvoirs qui lui sont confiés.

Je suis avec respect,

Monseigneur, de votre excellence, etc....

*Signé* BRUNIQUET.

## N°. XVIII.

Marseille, le 30 mars 1815.

MONSEIGNEUR,

J'ai l'honneur d'adresser à votre excellence, un paquet de M. le préfet de Corse, qui lutte contre des insurrections partielles qui agitent cette île. Si on y savait avec quelle noble loyauté monseigneur s'est prononcé pour le bonheur et le salut de la France ; si on y connaissait l'ivresse de reconnaissance qui vous fait proclamer par les Marseillais le sauveur de la France, la Corse jouirait du repos que vous doit le département. Je partage l'enthousiasme de tous mes administrés ; je joins mes acclamations aux leurs ; comme eux, avec eux, je crie : Vive le Roi ! Vive le prince Masséna !

Je suis avec respect, etc....

*Signé* ALBERTAS.

## N°. XIX.

*Extrait* parte in quâ *des registres des délibérations du conseil municipal de la ville de Marseille.*

Séance du 11 avril 1815.

Cejourd'hui, onze avril mil huit cent quinze, le corps et conseil municipal, extraordinairement convoqué par M. le maire, en vertu de l'autorisation de M. le préfet, s'est réuni à sept heures de relevée dans le lieu ordinaire de ses séances à l'Hôtel-de-Ville.

Il a été donné communication de plusieurs lettres, d'une proclamation et de nouvelles officielles, ayant pour objet de faire reconnaître sa majesté l'empereur Napoléon, reçues aujourd'hui par le préfet, de son excellence monseigneur le prince d'Essling, maréchal de l'empire, gouverneur des 8e. et 23e. divisions militaires, et transmises, séance tenante, en original, par ce magistrat à M. le maire, pour être communiquées au conseil municipal;

Ouï la lecture desdites pièces :

L'assemblée a unanimement délibéré,

1°. Qu'il serait envoyé, au nom de la ville, à son excellence monseigneur le maréchal prince gouverneur, une députation de trois membres, pour lui faire connaître que les ordres qu'il a transmis à M. le préfet, vont être exécutés en cette ville ; lui exprimer la reconnaissance de l'administration et des citoyens de Marseille, pour l'intérêt et la bienveillance que son excellence a daigné leur accorder ; la prier de vouloir bien leur continuer les mêmes sentimens, et lui témoigner le vœu formé par les Marseillais de le voir, aussitôt que ses fonctions pourront le lui permettre, rétablir au milieu d'eux le siége de sa résidence.

2°. Que cette députation serait composée de MM. Raymond aîné, premier adjoint du maire ; de Cibon adjoint du maire, et Campou, membre du conseil municipal ; auxquels il sera expédié extrait de la présente délibération pour leur tenir lieu de commission.

Certifié conforme, pour être remis à M. Raymond, premier adjoint du maire, président de la députation.

Le maire de Marseille,

*Signé* Montgrand.

## N°. XX.

Marseille, le 14 avril 1815.

Monseigneur,

M. le général comte Miollis m'a remis ce matin la proclamation de votre excellence, du 14 du courant, aux habitans de Marseille. Je l'ai fait imprimer sur-le-champ : elle est affichée en ce moment.

Une du sous-préfet d'Aix, que j'ai reçue également ce matin, m'a annoncé l'arrivée de M. le général de Grouchy avec des forces imposantes qui marchent sur Marseille. M. le comte Miollis m'a confirmé ces dispositions : nous avons assemblé sur-le-champ la municipalité entière, les membres du corps municipal et du conseil général du département avec les autorités militaires. *M. le comte Miollis nous a fait part de ce qu'il a fait et de ce que vous avez fait vous-même pour détourner l'orage : l'assemblée en a été pénétrée de reconnaissance et me charge de vous l'exprimer : car j'ai l'honneur de vous écrire séance tenante.* M. Raymond, maire, et M. Dudemaine, adjoint, sont partis sur-le-champ pour porter à M. le lieutenant-général comte Grouchy les preuves de la soumission de Marseille, déjà portées à votre excellence, et le supplier d'arrêter sa marche. Nous vous conjurons, monseigneur, de nous continuer votre protection, et de considérer et faire considérer à M. de Grouchy que tout ce qu'on a aperçu de mouvemens n'est que l'ouvrage de quelques agitateurs, et qu'il ne serait pas juste que les bons citoyens, la généralité des habitans, fussent victimes de ces agitateurs, qui l'ont été dans tous les temps et qui voudraient mettre la ville en désordre pour en profiter.

Les bontés dont vous avez honoré Marseille nous font espérer que vous ne nous abandonnerez pas dans cette circonstance, et que vous vous rendrez à nos vœux en venant rétablir votre séjour dans notre ville.

Nous nous occupons avec M. le comte Miollis d'établir une police active, qui puisse concourir à l'exécution de vos ordres et de nos intentions, en découvrant et arrêtant la malveillance.

Je suis, etc.,

Le conseiller de préfecture, remplissant, par *intérim*, les fonctions de préfet,

*Signé* GRAS-SALICIS.

---

## N°. XXI.

Paris, le 31 mars 1815.

Prince, je reçois le rapport, en date du 21 du courant, que vous adressiez au duc de Feltre, pour l'informer de diverses dispositions que le duc d'Angoulême avait faites jusqu'alors dans la huitième division militaire.

*L'empereur ne doute pas qu'aussitôt que vous aurez été instruit des événemens qui ont eu lieu et du départ des Bourbons, vous ne vous soyez empressé d'arrêter ces dispositions*, et d'assurer l'exécution de celles que je vous ai indiquées par ma lettre du 27 de ce mois, pour faire reconnaître et respecter l'autorité de S. M. dans l'étendue de votre gouvernement, faire arborer le drapeau et la cocarde tricolores, faire dissoudre les volontaires royaux et autres levées ordonnées par l'ancien gouvernement, et faire rentrer dans les arsenaux de l'état les armes qui leur auraient été délivrées.

Ayez grand soin d'exécuter, dans les troupes placées sous votre commandement, les dispositions du décret impérial du 13 de ce mois concernant les émigrés, et ordonnez le remplacement de tous les commandans de place qui, aux termes de ce décret, n'auraient pas le droit de conserver leur emploi. S'il se trouve dans les corps des officiers animés d'un mauvais esprit, envoyez-les à Paris pour y être à ma disposition.

Votre excellence sentira combien il est essentiel de porter une attention particulière aux places et forts de la huitième division militaire, notamment au port de Toulon; concertez-vous avec la marine, et veillez à ce que rien ne soit négligé pour le mettre, le plus tôt possible, dans le meilleur état de défense, etc.

Le maréchal, ministre de la guerre,

*Signé* prince d'ECKMUL.

A M. le maréchal prince d'Essling, commandant supérieur de la huitième division militaire, à Marseille.

## N°. XXII.

Paris, le 13 avril 1815.

*A S. Ex. le prince d'Essling, commandant supérieur de la* 8e. *division militaire, à Marseille.*

PRINCE,

J'ai l'honneur de prévenir V. Exc. que l'intention de l'empereur est que vous vous rendiez en poste à Paris, pour y recevoir de nouveaux ordres.

J'adresse le même avis à M. le lieutenant général Miollis, qui avait le commandement de la 1re. subdivision de la 8e. division militaire, et à M. le maréchal de camp Carsin, qui commande l'arrondissement d'Antibes. M. le lieutenant général Abbé, qui commandait la 2e. subdivision de la 8e. division, est appelé au commandement d'une division active.

S. M. a désigné, pour le commandement supérieur de la 8e. division militaire, M. le lieutenant général Grouchy; et pour le commandement particulier de cette division, M. le lieutenant général Verdier.

Le général Verdier reçoit l'ordre de se rendre sur-le-champ à Marseille.

Agréez, Prince, etc....

Le ministre de la guerre,

*Signé* prince D'ECKMUL.

Paris, le 25 janvier 1815.

Monsieur le maréchal, le préfet du département du Var m'annonce que sept grenadiers venant de l'île d'Elbe, et porteurs de congés absolus, se sont présentés devant lui, et qu'il les a autorisés à retourner dans leurs foyers.

La conduite que le préfet a tenue à l'égard de ces individus n'est point régulière. Je lui écris qu'il aurait dû les faire mettre à la disposition de l'autorité militaire, qui, après s'être assurée de leur position, leur aurait fait retirer les congés dont ils étaient porteurs, pour être remplacés par des congés plus réguliers. Je lui prescris de suivre désormais cette marche pour tous les militaires qui pourront à l'avenir arriver de l'île d'Elbe dans l'étendue de son département, également porteurs de congés.

Je prie votre excellence de tenir la main à ce que ces dispositions reçoivent leur exécution, non-seulement dans le département du Var, mais encore dans les autres départemens de la huitième division.

Je l'invite également à donner des ordres pour que les individus venant de l'ile d'Elbe avec des congés, à mesure qu'ils seront remis à l'autorité militaire, soient scrupuleusement interrogés, et que le procès-verbal de leur interrogatoire me soit également transmis.

Agréez, etc.

Le ministre de la guerre,

*Signé* maréchal duc de DALMATIE.

A son exc. M. le maréchal prince d'Essling, gouverneur de la huitième division militaire.

---

Nîmes, le 24 mars 1815.

Mon cousin, je viens de recevoir votre lettre d'hier. Je suis bien aise que vous ayez reçu la déclaration des puissances. Vous voyez par-là que nous n'avons qu'un ennemi; c'est celui qui est au centre de la France. C'est vers ce point uniquement que doivent se diriger tous nos efforts. *Je suis content de l'activité que vous mettez dans l'exécution de mes ordres.* J'attends avec impatience des nouvelles de Toulon. J'y envoie un officier de mon état-major pour être témoin de l'exécution de ceux que j'y envoie.

Sur ce, je prie Dieu, etc.

Votre affectionné cousin,

*Signé* LOUIS ANTOINE.

A mon cousin le maréchal prince d'Essling.

Marseille, 12 avril 1815.

Monseigneur,

M. le lieutenant général comte Miollis a dû rendre compte à votre excellence de la promptitude et de la soumission avec lesquelles la ville a obtempéré aux ordres contenus dans les lettres du 11. Le drapeau tricolore flotte sur les forts, à l'hôtel-de-ville, et à celui de la préfecture. Le calme le plus grand continue à régner, et sera maintenu par l'union des autorités civiles et militaires.

J'envoie par estafette à MM. les sous-préfets les ordres et la proclamation de votre excellence, pour que toutes les communes du département imitent l'obéissance du chef-lieu. Je mettrai tous mes soins à maintenir l'ordre et la tranquillité partout.

Je suis avec respect, etc.

Le préfet, *signé* Albertas.

FIN DES PIÈCES JUSTIFICATIVES.

De l'Imprimerie DE FAIN, Place de l'Odéon.

www.ingramcontent.com/pod-product-compliance
Lightning Source LLC
LaVergne TN
LVHW021719230826
846091LV00003BA/1064